高等职业教育新能源汽车类专业教材

新能源汽车电力电子技术

钟颖强　张　鑫◎主　编
刘有华　王小林　陈　沛◎副主编
　　　　　　　王景海◎主　审

人民交通出版社股份有限公司

北　京

内 容 提 要

本书是高等职业教育新能源汽车类专业教材。全书包括5个项目、22个工作任务，主要介绍了新能源汽车电工基础知识认知与应用、新能源汽车典型电子器件应用与检测、新能源汽车典型电子电路应用与检测、新能源汽车典型电压转换电路检测、新能源汽车执行器。

本书可作为职业院校新能源汽车技术、新能源汽车检测与维修技术等专业的教学用书，也可作为新能源汽车维修专业培训用书和相关技术人员的参考书。

图书在版编目(CIP)数据

新能源汽车电力电子技术/钟颖强,张鑫主编.—北京:人民交通出版社股份有限公司,2024.2
ISBN 978-7-114-19246-3

Ⅰ.①新… Ⅱ.①钟… ②张… Ⅲ.①新能源—汽车—电力电子技术 Ⅳ.①U469.7

中国国家版本馆 CIP 数据核字(2024)第 017154 号

书　　名:	新能源汽车电力电子技术
著 作 者:	钟颖强　张　鑫
责任编辑:	张一梅
责任校对:	孙国靖　卢　弦
责任印制:	刘高彤
出版发行:	人民交通出版社股份有限公司
地　　址:	(100011)北京市朝阳区安定门外外馆斜街3号
网　　址:	http://www.ccpcl.com.cn
销售电话:	(010)59757973
总 经 销:	人民交通出版社股份有限公司发行部
经　　销:	各地新华书店
印　　刷:	北京市密东印刷有限公司
开　　本:	787×1092　1/16
印　　张:	14.25
字　　数:	326千
版　　次:	2024年2月　第1版
印　　次:	2024年2月　第1次印刷
书　　号:	ISBN 978-7-114-19246-3
定　　价:	48.00元

(有印刷、装订质量问题的图书,由本公司负责调换)

编委会

主　任：
　　　　戚文革（吉林电子信息职业技术学院）

副主任：
　　　　齐方伟（吉林科技职业技术学院）
　　　　孙志刚（吉林铁道职业技术学院）

委　员（按姓氏笔画排序）：
　　　　山长军（吉林工业职业技术学院）
　　　　马书亮（吉林科技职业技术学院）
　　　　朱立东（吉林铁道职业技术学院）
　　　　李　刚（吉林科技职业技术学院）
　　　　李富松（河北交通职业技术学院）
　　　　张　鑫（江西交通职业技术学院）
　　　　范真维（吉林电子信息职业技术学院）
　　　　赵海宾（河北交通职业技术学院）
　　　　钟颖强（江西交通职业技术学院）
　　　　曹元勋（吉林工业职业技术学院）
　　　　董　括（吉林电子信息职业技术学院）

技术顾问：
　　　　侯志宝（长春市康嘉教学设备有限公司）

前言

随着新一轮科技革命和产业变革的深入推进,汽车与能源、交通、信息通信等领域加速融合,汽车的电动化、网联化、智能化成为汽车产业发展的主流和趋势。为了对接汽车产业发展新趋势,满足新能源汽车领域高质量发展对高素质技术技能人才的需求,推动职业教育专业升级和数字化改造,提高人才培养质量,吉林电子信息职业技术学院、吉林工业职业技术学院、吉林铁道职业技术学院、吉林科技职业技术学院、江西交通职业技术学院、河北交通职业技术学院共同编写了高等职业教育新能源汽车技术专业理实一体化教材。

本套教材编写深入贯彻落实党的二十大对教材建设与管理作出的新部署新要求,遵循知识和技能并重的改革方向,根据高等职业教育的特点以及高职高专院校学生的学习情况进行编写,具有以下特点:

(1)教材编写依据特定的工作任务,选取适度够用的理论知识,以学生的操作技能和职业素养培养为核心,围绕典型工作任务设计教学项目,突出知识的实用性、综合性和先进性。教材内容设置以学生为中心,由浅及深、循序渐进,每本教材均配有"任务工单",实现了理论实践一体化。

(2)教材融入了丰富的课程思政元素、党的二十大精神内容,选取国产汽车品牌进行讲解,培养学生的民族品牌意识,增强对民族品牌汽车的自信度,体现立德树人教育目标,实现思想政治教育与技术技能培养的有机统一。

(3)教材编写过程中广泛联系行业企业,深入了解行业企业对本专业人才的实际需求,由相关企业提供了配套的教学资源和技术支持,行业企业人员深度参与教材编写与开发。

(4)教材配套了丰富的教学资源,教材的知识点以二维码链接动画、视频资源,所有教材配有课件、习题及答案等,满足学生个性化学习的需求,提升教材使用体验。

《新能源汽车电力电子技术》是新能源汽车技术等相关专业的一门重要技术基础课程,以电力电子技术基础和实际运用相结合为出发点,以能力为本位,着重基本概念和基本定律的介绍,围绕汽车电力电子技术基础的典型工作任务共设计5个教学项目,包括22个工作任务,在实施过程中以学生亲历完整工作过程为原则,使学生了解电路基础并掌握对新能源汽车典型电子器件特性、新能源汽车典型电子电路应用与检测、新能源汽车典型电压转换电路的检测、新能源汽车执行器的认知。本书注重培养学生职业生涯中的专业能力、方法能力和社会能力。本书以任务为驱动,强化收集、分析和组织新能源汽车诊断与排除工作所需的基础知识与技能;强化依照检修标准作业,优化新能源汽车相关电路和元器件的检测工作流程,协调配合工作的能力;强化工作中自我控制、自我管理及有效工作评价的能力;强化团队精神、职业道德,注重安全环保、注重质量和服务意识。本书语言精练,图文并茂,易学易懂易用;内容翔实,保持了新能源汽车电力电子技术的完整性与系统性。

本书由江西交通职业技术学院钟颖强、张鑫任主编,刘有华、王小林、陈沛任副主编,吉林工业职业技术学院王景海任主审。本书编写分工为:钟颖强编写项目一及配套任务工单,并负责全书统稿;张鑫编写项目二及配套任务工单,并负责课程思政内容编写;刘有华编写项目三及配套任务工单;陈沛编写项目四及配套任务工单;王小林编写项目五及配套任务工单。

作者在本书编写过程中,查阅了大量书籍、文献和资料,引用了一些网上资源,广泛参考借鉴了国内外新能源汽车方面的研究成果,还得到了长春康嘉教学设备有限公司和深圳霖汉科技发展有限公司的帮助和支持,这些公司为本书提供了配套教学资源和技术支持,在此一并向其表示感谢。

由于作者水平有限,书中难免有疏漏之处,敬请业内专家和广大读者批评指正。

作　者
2023 年 10 月

目录

项目一　新能源汽车电工基础知识认知与应用 ··· 1

任务1　电路及其电学参数的测量 ··· 2
任务2　磁路及电磁现象 ·· 12
任务3　变压器的原理与认知 ·· 18
任务4　继电器的原理与认知 ·· 24
任务5　用电安全与防护 ·· 31
习题 ·· 36

项目二　新能源汽车典型电子器件应用与检测 ··· 37

任务1　电容器应用与检测 ··· 38
任务2　电感器应用与检测 ··· 41
任务3　二极管应用与检测 ··· 45
任务4　三极管应用与检测 ··· 49
任务5　晶闸管应用与检测 ··· 54
任务6　场效应晶体管应用与检测 ·· 58
习题 ·· 62

项目三　新能源汽车典型电子电路应用与检测 ··· 64

任务1　整流电路应用与检测 ·· 65
任务2　逆变电路应用与检测 ·· 68
任务3　稳压电路应用与检测 ·· 74
任务4　滤波电路应用与检测 ·· 79
任务5　斩波电路应用与检测 ·· 82

习题 89

项目四　新能源汽车典型电压转换电路检测　91

任务1　DC-DC 变换电路检测 92
任务2　AC-DC 变换电路检测 97
任务3　DC-AC 变换电路检测 103
习题 113

项目五　新能源汽车执行器　115

任务1　高压上电过程控制 116
任务2　直流电机控制电路原理与应用 124
任务3　三相电机控制原理 131
习题 140

任务工单　142

参考文献　217

项目一

新能源汽车电工基础知识认知与应用

知识目标

(1) 熟悉电路及其电学参数的测量方法。
(2) 熟悉磁路及电磁现象。
(3) 掌握变压器的结构原理。
(4) 掌握继电器的结构原理。
(5) 掌握用电安全与防护基本知识。

技能目标

(1) 能够正确测量电路的电学参数。
(2) 能够分析磁路与电磁现象。
(3) 能够正确检测变压器。
(4) 能够正确检测继电器。
(5) 会做好安全用电与触电防护。

素养目标

(1) 能够制订工作计划,独立完成工作学习任务。
(2) 能够在工作过程中,与小组其他成员合作、交流并进行学习任务分工,具备团队合作和安全操作意识。
(3) 养成服从管理,依据企业 7S 管理模式❶规范作业的良好工作习惯。
(4) 培养安全工作的意识和习惯。

▶ 学时:8 学时

---

❶ 7S 管理模式中,7S 依次表示整理、整顿、清扫、清洁、素养、安全和节约 7 个词的缩写。

任务1 电路及其电学参数的测量

任务描述

汽车电路是典型的交直流电路,维修技术人员要理解汽车电路的基本参数,更要规范使用新能源汽车维修工具及检测设备进行参数测量,并能正确地分析测得的参数,完成各类故障的诊断与排除。

一、知识准备

(一) 电路概述

1. 电路的定义

电路是为了完成某种功能,将电气元件或设备按一定方式连接起来而形成的系统,通常用以构成电流的通路,如图1-1所示。

2. 电路的组成

电路主要由电源、负载和中间环节三部分组成。电源是供给电路电能的设备,它将化学能、光能、机械能等非电能转换为电能。负载为各种用电设备,它将电能转换成其他形式的能量。中间环节主要是将电源和负载连接起来,起传输和分配电能或对电信号进行传递和处理的作用。电路结构示例如图1-2所示。

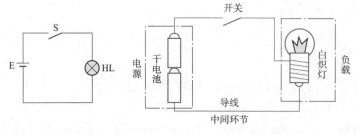

图1-1 手电筒电路图　　图1-2 手电筒电路结构

3. 电路的作用

电路是电力系统、控制系统、通信系统、计算机硬件等系统的主要组成部分。电路具有两个作用:一是电能的传输、分配与转换;二是信息的传递与处理。电路的作用如图1-3所示。

4. 电路模型

在进行分析和计算时不可能因物而异,而通常是忽略微小的影响因素,如电源忽略内阻等,将实际的元件理想化,从而得到电路模型。电路各元件的理想化符号见表1-1。

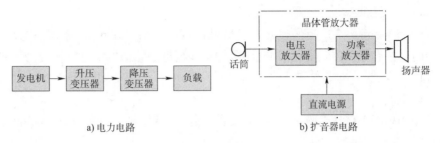

a) 电力电路　　　　　　　　　　　　b) 扩音器电路

图 1-3　电路的作用

常用电路元件符号　　　　　　　　　　　　　　　表 1-1

名称	符号	名称	符号	名称	符号
直流电源 E		电容 C		开关 S	
固定电阻 R		电压源 U_s		熔断器 FU	
可变电阻 R_P		电流源 I_s		电压表	
电感 L		电灯 EL		电流表	

> **思政教育**
>
> 运用电路符号构建统一的电路模型,使大家能够轻松学习与研究电力电子技术,可有效促进技术的发展。标准的建立与统一,是高效率的必要措施,是国际化、现代化的标志。

5. 电路的三种工作状态

(1) 通路。

如图 1-4a) 所示,将图中的开关 S 闭合,电路中就有电流和能量的传输与转换。电源处于有载工作状态,电路形成通路。

(2) 开路。

如图 1-4b) 所示,图中的开关 S 断开,电路中没有电流流通,电源处于空载运行状态,电路形成开路(断路)。此时负载上的电流、电压和功率均为零。

(3) 短路。

如图 1-4c) 所示,当电源的两个输出端由于某种原因直接接触时,电源就被短路,电路处于短路状态。

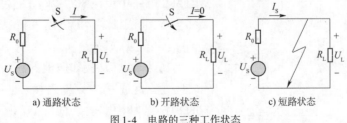

a) 通路状态　　　　b) 开路状态　　　　c) 短路状态

图 1-4　电路的三种工作状态

6. 电路的连接方式

在实际电路中,运用最广泛的连接方式是串联、并联。在车辆上,一个电压电源(车载网络供电)会同时接有很多用电器,这种电路称为扩展型电路。扩展型电路又分为两种基本连接方式:并联和串联。

(1) 串联电路。

串联电路中所有负载(电阻 R)依次连接在一起,且共用一个电源,如图 1-5 所示。电流先后流经每个负载(电阻 R)。

串联电路的主要特点:①总电压 U_{ges} 分布在串联电路的各个电阻上。各部分电压之和等于总电压:$U_{ges} = U_1 + U_2 + U_3$。②串联电路的总电阻是各串联电阻之和:$R_{ges} = R_1 + R_2 + R_3$。

(2) 并联电路。

并联电路不是将所有负载(电阻 R)依次连接,而是并排连接,如图 1-6 所示。电阻并联时,施加在所有负载(电阻 R)上的电压都相同。

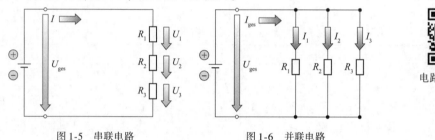

图 1-5 串联电路　　　　图 1-6 并联电路

并联电路的主要特点:①总电流在电阻的连接点处分为多个分电流。分电流的总和等于总电流,$I_{ges} = I_1 + I_2 + I_3$。②并联电路的总电阻小于最小的单个电阻。电流可以更好地通过各个并联电阻,即电导率升高。可利用下列公式计算三个电阻并联时的总电阻。$\dfrac{1}{R} = \dfrac{1}{R_1} + \dfrac{1}{R_2} + \dfrac{1}{R_3}$。

7. 电路的常见故障

电路的故障主要包括断路、短路和接触电阻(虚接)。

(1) 断路故障。

断路时电路无法构成电流通路(电流回路),即所需电流中断。断路通常是由于电路连接问题(插接器损坏、电气组件损坏、导线断开)造成的。对于断路故障,最好的测量方法是通过电阻法测量线路的导通情况,不建议使用数字万用表的蜂鸣挡判断电路的导通情况。因为在电路中存在 80Ω 以下的接触电阻时蜂鸣挡都会响,无法排除接触电阻故障。

(2) 短路故障。

在两个电极(例如电池的正极和负极接线柱)之间建立起直接的导电连接(通常是不希望出现的)时,称为电气短路,如图 1-7 所示。

短路通常是由于绝缘不良或由于电气系统

图 1-7 短路故障

及电路出现电路故障造成的。发生短路时,在电压几乎降为0V的同时,电流达到最大值,即短路电流。该电流只能通过电源内阻来限制,而电源内阻一般很小,因此可能导致没有熔断丝保护的导线或电缆过热损坏。出现较高的短路电流时,熔断丝(保险丝)必须熔断,以最快的速度将短路部位与其他正常的供电网络断开,以将电压降和短路电流的影响降至最低,否则可能会引起火灾。因此,在车辆熔断丝熔断的情况下,必须先检查供电回路中有无短路故障,在确保没有短路故障和不需要对更换的组件进行编程设码后,才允许更换组件。

(3)接触电阻(虚接)故障。

电路连接部位在空气、湿气、污物和侵蚀性气体的作用下会出现氧化现象,这种氧化作用会使连接部位的接触电阻增大,电阻增大会产生电压降,如图1-8所示。电路中的电阻增大导致电流减小,用电器内实际消耗的功率减小。由于无法用数字万用表测量较小的接触电阻,因此,必须通过测量闭合电路内的电压来确定该电阻的阻值。

图1-8 接触电阻(虚接)故障

思政教育

电路故障的形式和故障原因多种多样,我们在掌握电路基本组成和原理的基础上,运用辩证法的"对立统一规律",合理规范地选用电路诊断工具,就能排除与修复电路故障。在生活中,也要懂得合理运用辩证法解决遇到的难题,帮助我们到达成功彼岸。

(二)电学参数及测量

1. 电荷

电是电荷运动所带来的现象。电荷为物体或构成物体的质点所带的具有正电或负电的粒子,带正电的粒子称为正电荷(表示符号为"+"),带负电的粒子称为负电荷(表示符号为"-")。电荷的量称为电荷量。在国际单位制里,电荷量的符号用 Q 表示,单位是库仑(C),简称库。两个同电性物体会相互受到对方施加的排斥力,两个异电性物体会相互受到对方施加的吸引力,即同性电荷互相排斥、异性电荷互相吸引,如图1-9所示。

2. 电压

(1)电压的定义。

用物理量电压来衡量电场力做功的能力,其定义为:电压 U_{ab} 为单位正电荷 q 从 a 点移动到 b 点电场力所做的功 W_{ab},记为:

$$U_{ab} = \frac{W_{ab}}{q} \tag{1-1}$$

电压的方向规定为从高电位指向低电位的方向,此为电压的实际方向。一般"+"表示高电位端(电源正极),"-"表示低电位端(电源负极)。在工程中,任意假设的电压方向称为电压的参考方向,如果电压的实际方向与参考方向一致,则得到的电压 $U_{ab}>0$,相反则 $U_{ab}<0$。具体如图1-10所示。

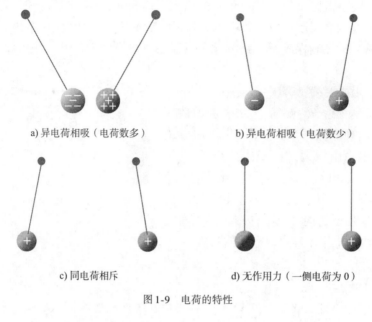

图1-9 电荷的特性

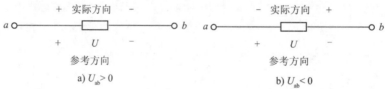

图1-10 电压的方向

通常,把单位正电荷在电路中某点所具有的能量称为该点的电位,用 V 表示。如 a 点的电位 V_a, b 点的电位为 V_b,电路中 a、b 两点之间的电压就是这两点电位之差,即:

$$U_{ab} = V_a - V_b \tag{1-2}$$

电源力克服电场力移动正电荷从负极到正极所做的功,用物理量电动势来衡量。电动势在数值上等于电源力把单位正电荷从负极 b 经电源内部移到正极 a 所做的功,用 E 表示,即:

$$E = \frac{W_{ba}}{q} \tag{1-3}$$

电动势的方向由负极指向正极,即电位升高方向,单位是 V。

(2)电压的测量。

可用数字万用表的电压挡测量电压,如图1-11所示。电压只能存在于两点之间,如电压源或负载的两端。为测量电压,将电压表并联到要测量元件的两端。

将黑表笔插入 COM 插孔,红表笔插入 V/Ω 插孔。需要选择交直流选项以及量程,并将测试表笔连接到被测负载或信号源上,在显示电压读数时,同时会指示出红表笔所接电源的极性。

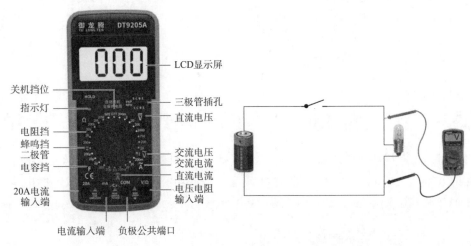

图 1-11 万用表测电压

万用表测电压时要注意以下几点:
①使用万用表前校零。
②正确选择电压类型,即交流电压或直流电压(AC/DC)。
③正确选择电压测量量程。若不确定被测电压范围,先取最大量程,再视情况缩小量程。
④电压表与被测元件必须并联。

万用表的认识及使用

> **思政教育**
>
> 在使用数字式万用表前,一定要进行校零操作,不然可能因为数字式万用表故障而导致无法测量或者测量结果误差较大。在生活中或工作中,一定要牢记品质管理的重点——"事前控制,事中跟踪检查,事后严格把关"。

3. 电流
(1) 电流的定义。

电荷的有规则运动形成电流。电磁学上把单位时间里通过导体任一横截面的电量 q 叫做电流强度,简称电流,电流符号为 I,单位是安培(A),简称"安"。即电流是指单位时间内通过导体横截面的电荷量。

$$I = \frac{q}{t} \tag{1-4}$$

电流的方向有如下规定:正电荷运动方向规定为电流的实际方向,任意假设的电流方向称为电流的参考方向。如果电流的实际方向与参考方向一致,则得到的电流 $I>0$,相反则 $I<0$,如图 1-12 所示。

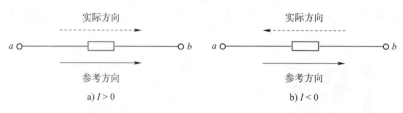

图 1-12 电流的方向

（2）测量电流。

测量电流时，必须保证需要测量的电流流过电流表，将电流表串接在要测量电流的支路中。

用万用表的电流挡测量小电流。将黑表笔插入 COM 插孔，红表笔插入 mA 或 10A 或 20A 插孔（当测量 200mA 以下的电流时，插入 mA 插孔；当测量 200mA 及以上的电流时，插入 10A 或 20A 插孔）插孔，如图 1-13 所示。

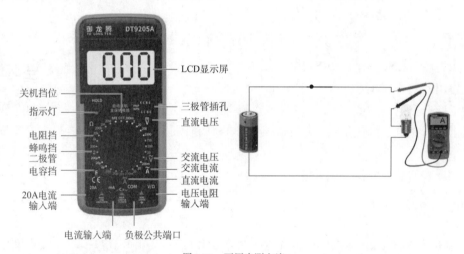

图 1-13 万用表测电流

用万用表测量电流时要注意以下几点：

①使用万用表前校零。

②正确选择电流类型，即交流电流或直流电流（AC/DC）。

③正确选择电流测量量程。若不确定被测电流范围，先取最大量程，再视情况缩小量程。

④电流表与被测元件必须串联。

⑤测量前，一定要切断被测电源，认真检查被测元件与万用表的连接正确后，才可通电测量。

测量电流的另外一种方法是使用感应式电流夹钳，如图 1-14 所示。如果待测电流强度大于 10A，那么用电流夹钳测量电流的优势非常突出，其另一个优点是测量电流强度时无须打开电路。

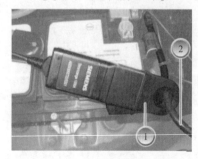

图 1-14 电流夹钳测量电流

1-电流钳；2-蓄电池负极导线

4. 功率

在电流流通的同时，电路内发生了能量的转换。在电源内部，电源电压不断地克服电场力对正电荷做功，正电荷在电源内获得了能量，由非电能转换成电能。在外电路（电源外的电路部分）中，正电荷在电场力的作用下，不断地通过负载（白炽灯）把电能转换为非电能。电场力所做的功为：

$$W_{ab} = U_{ab} \cdot q \tag{1-5}$$

通常，单位时间内电场力所做的功 W 定义为功率 P。即：

$$P = \frac{W}{t} \tag{1-6}$$

5. 电阻

导体对电流的通过具有一定的阻碍作用，称为导体的电阻，用 R 表示，单位为 Ω（欧姆）。不同的导体有不同的电阻，导体电阻的计算公式为：

$$R = \rho \cdot \frac{L}{S} \tag{1-7}$$

式中：ρ——导体的电阻率，$\Omega \cdot m$；

L——导体的长度，m；

S——导体的截面积，m^2。

根据材料的不同可将电阻分为导体、绝缘体和半导体。

导体（conductor）是指电阻率很小且易于传导电流的物质。导体中存在大量可自由移动的带电粒子称为载流子。在外电场作用下，载流子做定向运动，形成明显的电流，如金属导体铝、铜等。绝缘体（insulator）内自由电荷载体的数量为零，因此不导电，如塑料、橡胶、玻璃、陶瓷等。半导体是指常温下导电性能介于导体与绝缘体之间的材料，半导体的导电性可受控制，在压力、温度、光照、磁场力等的影响下，可以实现导电，常见的半导体材料有硅、锗、硒、砷化镓等。有些金属和合金，在温度降低到 4.2K（-269℃）时，电阻会突然消失，这种现象叫做超导现象。处于超导状态的导体叫做超导体。超导体的应用如图 1-15 所示。

a) 超导电缆

b) 超导电动机

c) 超导变电站

d) 磁悬浮列车

图 1-15　超导体的应用

电阻在电路中通常起分压、分流的作用。单位符号为 R，电阻的基本单位是欧姆，用希腊字母"Ω"表示。电阻除了作为电工电子技术中的一个参数，还表示电路中的元件电阻器。

（1）电阻器的类型。

①固定电阻。

阻值不能改变的电阻称为固定电阻器或固定电阻，简称电阻。固定电阻有 RT 型碳膜电阻、RJ 型金属膜电阻、RX 型线绕电阻，还有近年来开始广泛应用的片状电阻。固定电阻如图 1-16 所示。

    a) 碳薄膜电阻   b) 金属膜电阻   c) 片状电阻

图 1-16　固定电阻

常见固定电阻(碳薄膜电阻)是电子产品和电子制作中应用最多的。通常用色环来表示电阻值,标准系列通常有 4 或 5 个色环,碳薄膜电阻通常有 4 个色环,碳薄膜电阻色码的规律如图 1-17、表 1-2 所示。色环电阻的读取规则是最后一圈代表误差,前两环代表有效值,第三环代表乘上 10 的 n 次方。读法:面对一个色环电阻,找出金色或银色的一端,并将它朝右,从左至右依次读色环。

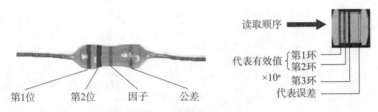

图 1-17　碳薄膜电阻色码的规律

电阻色环各颜色的阻值查询表　　　　　　　　　　　　表 1-2

颜色	颜色	第1位	第2位	因子	颜色	颜色	公差
	银色	—	—	10^{-2}	✕	无	±20%
	金色	—	—	10^{-1}		银色	±10%
	黑色	—	0	1		金色	±5%
	棕色	1	1	10		棕色	±1%
	红色	2	2	10^2		红色	±2%
	橙色	3	3	10^3		绿色	±0.5%
	黄色	4	4	10^4		蓝色	±0.25%
	绿色	5	5	10^5		紫色	±0.1%
	蓝色	6	6	10^6			
	紫色	7	7	10^7			
	灰色	8	8	10^8			
	白色	9	9	10^9			

②可变电阻。

阻值可变的电阻称为电位器或可变电阻器,通常用在需要经常调节电阻值(即阻值不需要频繁变动)的电路中,起调整电压、调整电流或信号控制等作用,其主要参数与固定电阻器基本相同。其外形与电路符号如图 1-18 所示。

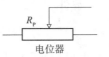

图1-18 电位器

(2)电阻的测量。

将万用表功能开关置于电阻挡,选择合适的量程,将测试表笔并联到待测电阻上。注意:测量电阻时,电路一定不能通电,否则可能会损坏仪表。在测量时也要注意两表笔短接时的读数,此读数是一个固定的偏移值(称为校零)。为了获得精确读数,可以将读数减去红、黑两表笔短路读数值,则为最终读数。

用万用表测量电阻时要注意以下几点:

①测量时,确保被测元件或电阻器处于断电状态,即断电测量。否则可能损坏万用表。
②测量时,双手不可碰到电阻引脚及表笔金属部分,以免接入人体电阻。
③测量时,要确保被测元件或电阻器至少一侧断开,以免接入其他电阻。

二、任务实施——电路的连接与测量

(一)工作准备

(1)防护装备:常规实训着装。
(2)实施器材:新能源汽车电工电子实训台及说明书、数字式万用表等。
(3)辅助材料:无。

所需要设备及工具见表1-3。

设备及工具清点表　　　　　　　　　　　　　　　　表1-3

名称	数量	清点
新能源汽车电工电子实训台	1	□清点
数字式万用表	1	□清点

(二)实施步骤

1.工作任务

新能源汽车上分布着各种功能的汽车电气电路,如汽车灯光系统电路、汽车电动座椅电路、汽车空调电路等。作为汽车机电维修技术人员,一定要掌握汽车电路及其电学参数相关的基本知识,能够辨识不同的电路连接方式,为新能源汽车电气系统检修工作打下扎实的基础。

请完成常用维修工具的认知。

2.新能源汽车电工电子实训台认知

(1)根据实训室的配备,分小组认识新能源汽车电工电子实训台的型号、规格、组成和使用方法。

(2)根据实训室的条件,运用新能源汽车电工电子实训台,搭建串联电路和并联电路。

3. 数字式万用表认知

(1)根据实训室的配备,认识数字式万用表的外观、型号、规格和用途。

(2)根据实训室的条件,运用数字式万用表,进行负载(如灯泡、电动机等)的电压、电流、电阻的测量。

4. 现场 7S 管理

能够说出现场 7S 管理理念,并在实践过程中按要求执行。

任务2　磁路及电磁现象

任务描述

汽车电路是典型的交直流电路,维修技术人员要理解汽车电路的基本参数,更要规范使用新能源汽车维修工具及检测设备进行参数测量,并能正确地分析测得的参数,完成各类故障的诊断与排除。

一、知识准备

(一)磁场及磁力线

磁场是电流、运动电荷、磁体或变化电场周围空间存在的一种特殊形态的物质。磁体间的相互作用就是以磁场作为媒介的。规定小磁针的北极在磁场中某点所受磁场力的方向为该磁场的方向。磁场虽然存在,却是看不见的。为了便于理解,英国物理学家法拉第认为,由许多磁力线所构成的连续场就叫做磁场。磁力线是为形象描述磁场的强弱和方向而引入的假想线,如图 1-19 所示。

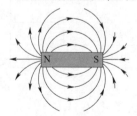

图 1-19　磁力线

磁力线具有以下几个特点:

(1)磁场内部的磁力线为一组封闭的曲线。

(2)磁力线绝不相交,在磁体外部由 N 极指向 S 极,在磁体内部由 S 极指向 N 极。

(3)磁力线上任何一点的切线方向即为该点磁场的方向。

(4)磁力线越密磁场越强,磁力线越疏磁场越弱。磁力线均匀分布而又相互平行的区域称为均匀磁场,反之称为非均匀磁场。磁体两极的磁场最强。

(5)磁力线有排他性,故同性相斥;磁力线具有弹性,可自由缩短,故异性相吸。

(二)电流的磁效应

1820年,丹麦物理学家奥斯特做实验时发现,当一根导线通上电流时,会使导线附近的磁针产生偏转,如图1-20所示,当电流由左边流向右边,磁针由水平方向变为垂直方向。奥斯特实验说明,电流的周围是存在磁场的。这引起了安培的注意,他集中全部精力研究,随后发表了关于磁针转动方向和电流方向的关系及右手定则的报告,此后这两个定则均被命名为安培定则。

安培定则(通电导体):

(1)用右手握住通电直导体,大拇指表示导体中的电流方向,其余四指弯曲的方向则代表所产生的磁力线方向,由安培定则可知,通电直导体产生的磁力线是以导体为圆心的同心圆。

(2)用右手握住通电螺旋导体,四指弯曲的方向表示电流方向,大拇指则表示的是磁场北极N方向,通电螺旋状导体相当于一块条形磁体,其磁场强弱不仅与电流的大小有关,而且与线圈的匝数有关。

通电导体产生的磁力线如图1-21所示。

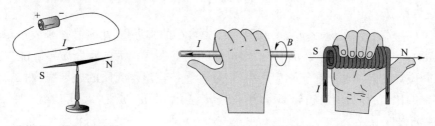

图1-20 奥斯特实验　　　　　图1-21 通电导体产生的磁力线

(三)磁路的概述

1. 磁路的定义

磁通集中通过的闭合路径称为磁路,常见电工设备中的磁路如图1-22所示。用来产生磁通的电流叫做励磁电流,流过励磁电流的线圈叫做励磁线圈。由直流电流励磁的磁路叫做直流磁路,由交流电流励磁的磁路叫做交流磁路。

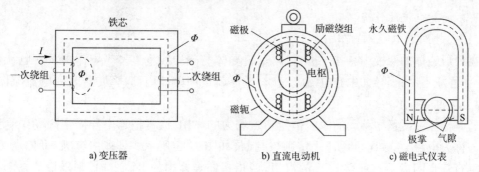

a) 变压器　　　　b) 直流电动机　　　　c) 磁电式仪表

图1-22 电工设备中常见的磁路

2. 磁路的基本物理量

（1）磁感应强度 B。

磁感应强度是表示磁场中某点磁场强弱和方向的物理量，用符号 B 表示，定义式为：

$$B = \frac{F}{IL} \tag{1-8}$$

式中：F——垂直于磁场方向放置的通电导体受到的作用力，N；

　　I——导体中的电流，A；

　　L——导体在磁场中的有效长度，m；

　　B——磁感应强度，T。

（2）磁通量 Φ。

把磁感应强度 B（如果不是均匀磁场，则取其平均值）与垂直于磁场方向的面积 S 的乘积，称为穿过该面积的磁通量（简称磁通），用 Φ 表示。其大小可以用通过该面积的磁力线条数的多少形象地表征，磁通量 Φ 的国际单位是韦伯（Wb），1 Wb = 1 T·m。在均匀磁场中，若 B 和 S 的夹角为 α，则磁通量的计算式为：

$$\Phi = BS\sin\alpha \tag{1-9}$$

（3）磁导率 μ。

磁导率（绝对磁导率）是表征媒介质导磁能力大小的物理量，用符号 μ 来表示，其单位是亨/米（H/m）。真空中的磁导率 $\mu_0 = 4\pi \times 10^7$（H/m）。磁导率大的媒介质导磁能力强，磁导率小的媒介质导磁能力弱。在实际应用中，一般不直接给出媒介质的磁导率，而是给出其与真空磁导率的比值，称为相对磁导率，常用符号 μ_r 表示，即 $\mu = \mu_0 \mu_r$。

（4）磁场强度 H。

在任何磁介质中，磁场中某点的磁感应强度 B 与媒介质磁导率 μ 的比值，称为该点的磁场强度，用 H 表示，即：

$$H = \frac{B}{\mu} \tag{1-10}$$

磁场强度 H 是一个矢量，其方向与该点的磁感应强度方向相同，其国际单位为安/米（A/m）。磁场强度与磁感应强度的名称很相似，切忌混淆。磁场强度是为计算方便而引入的物理量。

3. 磁场对电流的作用

（1）磁场对通电导体的作用。

在蹄形磁体的两极中悬挂一根直导体，直导体与磁力线垂直。当导体中没有电流流过时，导体静止不动；当导体中有电流流过时，导体就会向磁体内部移动，若改变电流流向，导体向相反方向移动。

通电导体在磁场中移动的原因是受到磁场力的作用，通常把通电导体在磁场中受到的作用力称为电磁力，方向可用左手定则来判断，如图1-23所示。具体内容为：平伸左手，使拇指垂直其余四指，手心正对磁场的 N 极，四指指向导体中的电流方向，则拇指的指向就是通电导体的受力（电磁力）方向。

项目一 新能源汽车电工基础知识认知与应用

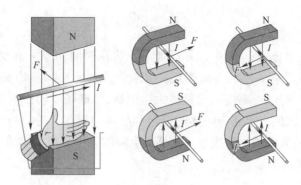

图 1-23 左手定则

(2)磁场对通电线圈的作用。

在磁感应强度为 B 的均匀磁场中放一矩形通电线圈 $abcd$。当线圈平面与磁力线平行时,线圈不受力;当线圈平面与磁力线垂直时,线圈受到力的作用。根据左手定则可知,ad 边和 bc 边的受力方向是一上一下而构成一对力偶。线圈在力矩的作用下将绕轴线(虚线)沿顺时针方向转动,如图 1-24 所示。

4. 电磁感应现象

1831 年,法拉第发现:当导体做切割磁力线运动或线圈中的磁场发生变化时,在导体或线圈中都会产生电动势;若导体或线圈是闭合电路的一部分,则导体或线圈中将产生电流。

从本质上讲,上述两种现象都是由于磁场发生变化而引起的。人们把变动磁场在导体中引起电动势的现象称为电磁感应,也称动磁生电,由电磁感应引起的电动势称为感应电动势,由感应电动势引起的电流称为感应电流。导体中产生的感应电动势方向可用右手定则判断。如图 1-25 所示,平伸右手,使拇指与其余四指垂直,让掌心正对磁场 N 极,以拇指指向表示导体的运动方向,则其余四指的指向就是感应电动势的方向。

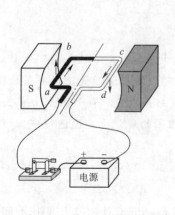

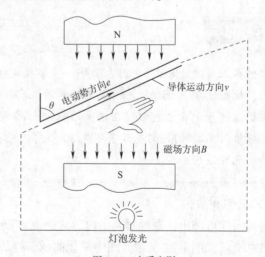

图1-24 磁场对通电线圈的作用　　　　图 1-25 右手定则

感应电流的大小与磁通量的变化率成正比,与导体的电阻和导体的形状有关。感应电流的大小可以用以下公式来计算:

15

$$I = -\frac{d\Phi}{dt} \tag{1-11}$$

式中,I 表示感应电流的大小,Φ 表示磁通量,t 表示时间,d 表示微分符号,"-"号表示感应电流的方向与磁通量变化的方向相反。感应电流的大小与磁通量的变化率 dΦ 成正比。当磁通量的变化率越大,感应电流就越大。因此,当磁场中的磁通量发生变化时,会产生感应电流。感应电流的大小还与导体的电阻和导体的形状有关。当导体的电阻越小,感应电流就越大。此外,导体的形状也会影响感应电流的大小。当导体的形状越复杂,感应电流就越小。

(四)铁磁性材料

1. 铁磁性材料的磁性能

(1) 高导磁性。

铁磁性材料的磁导率很高,$\mu_r \gg 1$,可达数百、数千乃至数万之值。铁磁质之所以具有高导磁性,是因为铁磁质内部分子电流形成很多微小磁场,称为磁畴,如图 1-26 所示。在没有外磁场作用时,这些磁畴杂乱无章分布,磁性相互抵消,对外不显磁性;当有外磁场作用时,这些磁畴逐步转向外磁场方向,相互叠加形成一个很强的附加磁场,从而使铁磁质内部具有很强的磁性。

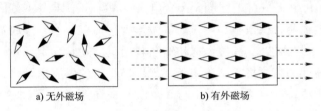

图 1-26 铁磁质内部的磁畴

思政教育

世界五大磁铁矿山,中国占两个——攀枝花铁矿、大冶铁矿!攀枝花铁矿是全球最大的钒钛磁铁矿,位于四川省,探明储量的钒钛磁铁矿达近百亿吨。大冶铁矿累计探明铁矿资源储量1.6亿t,但现在的大冶铁矿储备量不足3000万t,年产矿量维持在100万t左右。按此估算,只能开采不足30年!因此,在祖国的现代化建设进程中,始终要坚持绿色发展理念!

(2) 磁饱和性。

通过实验可测出铁磁性材料的磁感应强度 B 随外加磁场的磁场强度 H 变化的曲线(B-H 磁化曲线),如图 1-27 所示。图中磁化曲线 oa 段,由于磁畴在外磁场作用下的取向作用,使 B 随 H 近似成正比地增加;在 ab 段,由于大多数磁畴已与外磁场取向一致了,因此随 H 增加,B 的增加变得缓慢;bc 段,由于所有的磁畴都已与外磁场取向一致了,磁化磁场不再增加,使 B 随 H 增加得很少,达到了磁饱和。铁磁性材料的磁导率不是常数,而是随 H 的变化而变化。

(3) 磁滞性。

所谓磁滞,就是指在外磁场 H 值作正负变化(如线圈中通以交变电流)的反复磁化过程中,磁性材料中磁感应强度 B 的变化总是落后于外磁场的变化。

如图 1-28 所示,当外磁场被去除后,即 $H=0$ 时,磁性材料将产生剩磁,如图中 B_r 点所示。但有时又需去掉剩磁,如当工件在平面磨床上加工完毕后,由于电磁吸盘有剩磁,会将工件吸住,为此,应加反方向的外磁场,即通入反向去磁电流,去掉剩磁,才能将工件取下。使 $B=0$ 所需的 H_c 值,称为矫顽磁力,如图中 H_c 点所示。

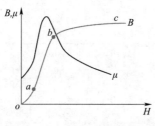

图 1-27 磁性材料的 B-H 曲线

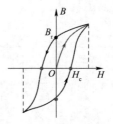

图 1-28 磁滞回线

2. 铁磁性材料的分类

铁磁性材料按其磁滞回线形状不同,可分成三类:软磁材料、硬磁材料和矩磁材料,具体见表 1-4。

铁磁性材料的分类　　　　　　　　　　　表 1-4

分类	磁滞回线	特点	用途
软磁材料		磁导率高,易磁化也易去磁,磁滞回线较窄,磁滞损耗小	硅钢、铸钢、铁镍合金等; 电机、变压器、继电器铁芯; 高频半导体收音机中的磁棒
硬磁材料		磁滞回线很宽,不易磁化,也不易去磁,一旦磁化后能保持很强的剩磁,适宜于制作永久磁铁	碳钢、钴钢等; 磁电式仪表、扬声器中的磁钢、永久磁铁
矩磁材料		磁滞回线的形状如同矩形。在很小的磁场作用下就能磁化,一经磁化便达到饱和值,去掉外磁,磁性仍能保持在饱和值。主要用来做记忆元件	锰镁铁氧体; 磁带、计算机中存储的磁芯

二、任务实施——电磁感应传感器的检测

(一)工作准备

(1)防护装备:常规实训着装。
(2)实施器材:新能源汽车电工电子实训台及说明书、数字式万用表等。
(3)辅助材料:无。
所需要设备及工具见表1-5。

设备及工具清点表　　　　　　　　　　　　　　表1-5

名称	数量	清点
新能源汽车电工电子实训台	1	□清点
数字式万用表	1	□清点

(二)实施步骤

1. 工作任务

电和磁之间存在着极为密切的联系,如前文中所述的电磁效应。电与磁也经常出现在我们的日常生活中,如汽车上具有很多设备应用了电磁学原理,如发电机、电动机、汽车喇叭、电磁感应传感器等。作为汽车机电维修技术人员,在掌握电路知识的基础上,还要掌握磁路及电磁感应现象的相关基本知识。下面我们以电磁感应传感器的检测为例,来夯实电磁学的相关知识与技能,为新能源汽车电气系统检修工作打下扎实的基础。

2. 现场7S管理

能够说出现场7S管理理念,并在实践过程中按要求执行。

任务3　变压器的原理与认知

📝 任务描述

修理人员在检测变压器时,遇到的常见问题就是不会分析电路图,不知道如何连接电路,而且不知道在检测变压器时该如何测量以及测量时要注意什么,因而经常感觉无从下手。因此,要想准确地检测变压器,需要非常了解变压器的结构、符号、分类、工作原理,以及电工电子基础实验平台的使用方法等相关知识。

项目一 新能源汽车电工基础知识认知与应用

一、知识准备

(一) 变压器的类型与结构

1. 变压器的使用范围

变压器应用广泛,常用于输送交流电。而采用高压输电可减小输电线上的电流,大大减少输电线上的电能损耗,提高输电效率。例如,在输电、配电的电力系统中,为了提高传输电能的效率,常用变压器把发电机产生的电压升高,实现远距离高压输电。为了保证用电安全和适合负载对电压的要求,电子设备和仪器中常用小功率电源变压器改变输电电压,再通过整流和滤波得到电路所需直流电。放大电路中常用耦合变压器传递信号或阻抗匹配。

2. 变压器的分类

变压器根据用途分为:用于远距离输电、配电的电力变压器,用于机床局部照明和控制的控制变压器,用于电子设备和仪表供电的电源变压器,用于传输信息的耦合变压器等。

变压器根据输入端电源相数分为单相变压器和三相变压器两类,变压器根据电压升降分为升压变压器和降压变压器两类,变压器根据结构分为芯式和壳式两类,如图1-29所示。虽然变压器的种类繁多、用途各异,使其电气性能相差悬殊,但其基本结构和工作原理却相似。

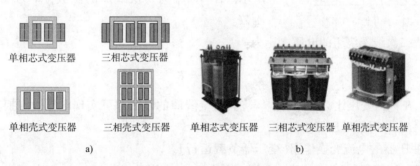

图1-29 变压器的分类

3. 变压器的基本结构

变压器是利用电磁感应原理来改变交流电压的装置。变压器的主体结构是在一个闭合的铁芯上绕制两个(或多个)线圈(或称绕组),即由铁芯和线圈两大部分构成。线圈的作用是输入和输出电能。当变压器工作时,与电源相接的是一次线圈,这一侧称为一次侧;与负载相接的是二次线圈,这一侧也称为二次侧,如图1-30所示。

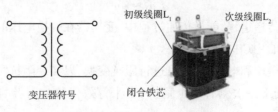

图1-30 变压器的符号和结构

变压器中铁芯是用铁磁材料制成的,用来增大线圈的电感量,提高效率。常见的铁芯材料有硅钢片、坡莫合金、铁氧体等。为了减小铁芯的涡流损耗,一般由薄硅钢片或坡莫合金片叠合而成,叠片的两面涂以绝缘漆。常见的芯式和壳式变压器的结构如图1-31所示。

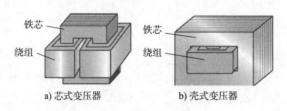

图1-31 变压器的结构类型

(二)变压器的功能与工作原理

1. 变压器的功能

(1)变压器的电压变换作用(变压器空载运行)。

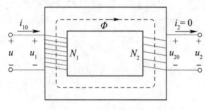

图1-32 变压器空载运行

将变压器的一次侧接在交流电压 u 上,二次侧开路,这种运行状态称为变压器的空载运行。此时二次线圈中的电流 $i_2=0$,电压为开路电压 u_{20},一次线圈通过的电流为空载电流 i_{10},电压和电流的参考方向如图1-32所示。图中 N_1 为一次线圈的匝数,N_2 为二次线圈的匝数。

一次、二次线圈绕组的电压之比为:

$$\frac{u_1}{u_2}=\frac{N_1}{N_2}=K \tag{1-12}$$

式中,K 称为变压比,简称变比。显然,改变线圈的匝数即可实现电压的变换。$K>1$ 时为降压器,$K<1$ 时为升压器。

(2)变压器的电流变换作用(变压器负载运行)。

变压器负载运行时,一次侧电流由 i_0 变为 i_1,二次侧产生负载电流,而电压 u_{20} 相应变为 u_2,有:

$$\frac{i_1}{i_2}\approx\frac{N_2}{N_1}\approx\frac{1}{K} \tag{1-13}$$

表明变压器一、二次电流有效值之比与它们的匝数成反比。变压器在能量传递过程中损耗很小,因此一次侧和二次侧的容量近似相等,有:

$$i_1 u_1 \approx i_2 u_2 \tag{1-14}$$

这是一个能量的传递过程,能量传递过程中,变压器在变换电压的同时也变换了电流。

(3)变压器的阻抗变换作用。

变压器除了变换电压和电流外,还可进行阻抗变换,以实现阻抗"匹配",负载阻抗 Z_2 接在变压器二次侧,相当于一次侧有一个阻抗 Z_1 来等效代替。两者的关系可通过下面计算得到:

$$|Z_2| = \frac{u_1}{i_1} = \frac{\frac{N_1}{N_2}u_2}{\frac{N_2}{N_1}i_2} = \left(\frac{N_1}{N_2}\right)^2 \frac{u_2}{i_2} = \left(\frac{N_1}{N_2}\right)^2 |Z_1| \tag{1-15}$$

即:

$$Z_2 = K^2 Z_1 \tag{1-16}$$

式中,Z_2 又称为折算阻抗。它表明,在忽略变压器损耗的情况下,只要改变匝数比,就可把负载阻抗变换为比较合适的数值,且负载性质不变,这种变换通常称为阻抗变换,如图 1-33 所示。

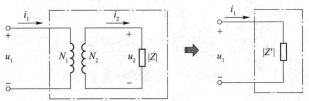

图 1-33 变压器的阻抗变换

2. 变压器的工作原理

一次线圈中有大小和方向不断变化的交流电,根据电流的磁效应,会产生变化的磁场。由于二次线圈内铁芯的磁场与一次线圈是同时变化的,二次线圈中的磁场 Φ 也在不断地变化。根据电磁感应原理在二次线圈中产生交流电压,如图 1-34 所示。

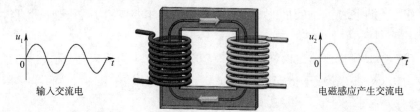

图 1-34 电流磁效应产生交变的电流

二次线圈和一次线圈内磁通的变化率 $\Delta\Phi/\Delta t$ 相等,根据法拉第电磁感应定律可得,感应电压与线圈匝数成正比,如图 1-35 所示。即:

$$\frac{u_1}{u_2} = \frac{N_1}{N_2} \Rightarrow u_2 = \frac{N_2}{N_1}u_1 \tag{1-17}$$

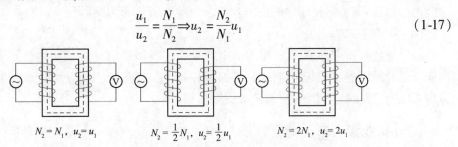

图 1-35 感应电压与线圈匝数比

3. 变压器的额定值

变压器正常运行的状态和条件,称为变压器的额定工作情况。表征变压器额定工作情况下的电压、电流和功率，称为变压器的额定值，它标明在变压器的铭牌上，如图1-36所示。变压器的主要额定值如下。

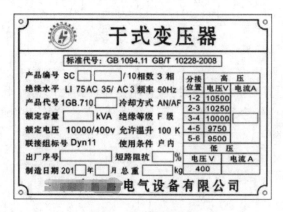

图1-36 变压器的铭牌

（1）额定电压 U_{1N} 和 U_{2N}。

一次绕组额定电压 U_{1N} 是指根据绝缘材料和允许发热所规定的、应加在一次绕组上的正常工作电压有效值。二次绕组额定电压 U_{2N} 是指一次绕组上加额定电压时二次绕组输出电压的有效值。三相变压器 U_{1N} 和 U_{2N} 均指线电压。

（2）额定电流 I_{1N} 和 I_{2N}。

一次绕组、二次绕组额定电流 I_{1N} 和 I_{2N} 是指根据绝缘材料所允许的温度而规定的一次绕组、二次绕组中允许长期通过的最大电流的有效值。三相变压器中，I_{1N} 和 I_{2N} 均指线电流。

（3）额定容量 S_N。

额定容量 S_N 是指变压器二次绕组额定电压和额定电流的乘积，即二次绕组的额定视在功率，单位为伏安（V·A）或千伏安（kV·A）。在单相变压器中：

$$S_N = U_{2N} \cdot I_{2N} \approx U_{1N} \cdot I_{1N} \tag{1-18}$$

在三相变压器中：

$$S_N = \sqrt{3} U_{2N} \cdot I_{2N} \approx \sqrt{3} U_{1N} \cdot I_{1N} \tag{1-19}$$

额定容量实际上是变压器长期运行时允许输出的最大功率，反映了变压器传送电功率的能力，但变压器实际使用时的输出功率是由负载阻抗和功率因数决定的。

（4）额定频率 f_N。

额定频率 f_N 是指变压器应接入的电源频率。我国规定标准工业用电频率为50Hz。使用变压器时除不能超过其额定值外，还必须注意：①工作温度不能过高；②一次、二次侧必须分清；③防止变压器绕组短路，以免烧毁变压器。

（三）新能源汽车上的变压器

为了达到驱动电机静止起动和全转速范围内转矩波动控制的目的，需要利用旋转变压器（某些车型称为解角传感器，即利用电磁感应原理制成的旋转型感应传感器）精确地测量驱动电机转子磁极位置和速度，如图1-37所示。其关键参数与变压器类似，例如额定电压、额定频率、变压比。与变压器不同之处是它的一次侧与二次侧不是固定的,而是有相对运动。随着两者相对角度的变化,在二次侧(输出侧)就可以得到幅值变化的电压波形。

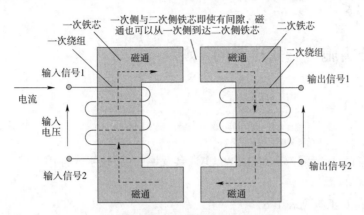

图 1-37 旋变原理

旋转变压器就是基于以上原理设计的:输出信号幅值随位置变化而变化,但频率不变。旋转变压器在实际应用中,设置了两组输出线圈,两者相位差为 90°,从而可以输出幅值为正弦绕组 sin 与余弦绕组 cos 变化的两组信号,端子号为 S1~S4。旋转变压器内部结构如图 1-38 所示。

输入电压频率是高频信号,一般在 10kHz 左右,励磁绕组端子号是 R1/R2。这个频率是旋转变压器的工作频率,如果频率高,阻抗就大,输出信号强度不够;如果频率低,电流就大,可能使旋转变压器损毁。这样加大调频励磁输入后,输出侧有同样频率的输出,再加上角度旋转,输出侧的幅值也发生变化,最终输入输出电压波形如图 1-39 所示。

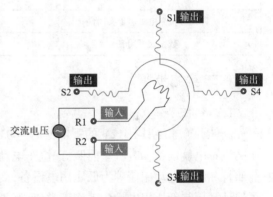

图 1-38 旋转变压器内部结构

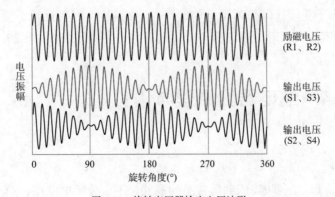

图 1-39 旋转变压器输出电压波形

2914 旋转差动变压器的用途:在旋转运动的随动系统中,提供位置反馈信号,已用于某系统中。2595旋转变压器的用途:在随动系统中提供位置反馈或解算信号,该产品已用于某装备的惯性定位、定向系统中。旋转变压器的用途主要用于坐标变换、三角运算和角度数据传输、信号转换等。

二、任务实施——变压器的检测

(一)工作准备

(1)防护装备:常规实训着装。
(2)实施器材:新能源汽车电工电子实训台及说明书、数字式万用表等。
(3)辅助材料:无。
所需要设备及工具见表1-6。

设备及工具清点表   表1-6

名称	数量	清点
新能源汽车电工电子实训台	1	□清点
数字式万用表	1	□清点

(二)实施步骤

1. 工作任务

新能源汽车上具有12V的蓄电池与300V以上的动力蓄电池组,同时,还分布着各种功能的汽车电气设备,如:汽车前照灯、汽车电动座椅、汽车空调、汽车驱动电机等。其中,汽车前照灯和汽车电动座椅等为低压用电设备,而汽车空调、汽车驱动电机为高压用电设备。为了保证高压与低压用电设备工作正常,且互不干扰,就需要使用变压器进行电压变换。作为汽车机电维修技术人员,一定要掌握变压器及其电学参数的相关知识,能够完成变压器的检测,为工作中新能源汽车电气系统检修打下扎实的基础。

2. 现场7S管理

能够说出现场7S管理理念,并在实践过程中按要求执行。

 任务4 继电器的原理与认知

任务描述

修理人员在检测变压器时,遇到的常见问题就是不会分析电路图,也就不知道如何连接电路,而且不知道在检测继电器时该如何测量以及测量时要注意什么,因而经常感觉无从下手。因此,要想准确地检测继电器,需要对继电器的结构、符号、分类、工作原理,以及电工电子基础实验平台的使用方法了然于心。

一、知识准备

汽车继电器可分为电磁式继电器和干簧式继电器。电磁式继电器成本较低,多被控制电路采用;干簧式继电器反应灵敏,多作为信号采集使用。汽车控制电路大多采用电磁式继电器作为控制执行部件,采用干簧式继电器作为传感器。

(一)继电器的工作原理

1. 继电器的符号与外形

继电器是具有隔离功能的自动开关元件,当输入量(电、磁、声、光、热)达到一定值时,输出量将发生跳跃式变化。继电器一般由电磁铁、触点、衔铁和复位弹簧等部分组成。触点系统包括复位弹簧和触头。电磁式继电器是以电磁系统为主体构成的,成本较低。图1-40所示为电磁式继电器的结构示意图和电路符号,按其触点位置可分为动合(NO)型继电器、动断(NC)型继电器和混合型继电器三类。

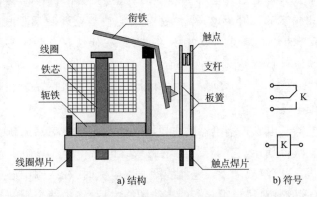

图1-40 电磁式继电器的结构

常见继电器的电路符号和外形如图1-41所示,继电器线圈管脚通常用85和86表示,动触点管脚用30表示,静触点常开的用87表示,常闭的用87a表示。

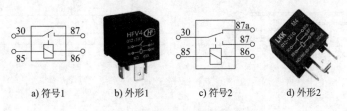

图1-41 继电器的电路符号和外形

2. 电磁式继电器的结构和工作原理

继电器由触点[包括动触点(30)、静触点(87)],线圈(85、86)和复位弹簧等组成,如图1-42所示。

电磁式继电器的工作原理如图1-43所示。当线圈两端加上直流电压时,就会有电流流过线圈,线圈的周围就产生磁场。当铁芯的吸引力克服复位(返回)弹簧的弹力而使衔铁(动铁芯)吸向静铁芯时,带动常闭触点断开,而常开触点闭合,当线圈断电后,磁力消失,衔铁(动铁芯)在复位弹簧的作用下返回原来位置,使常闭触点恢复闭合,常开触点恢复打开。线圈通电时,触点闭合,灯亮(电路如图中箭头所示);线圈断电时,触点断开,灯灭。

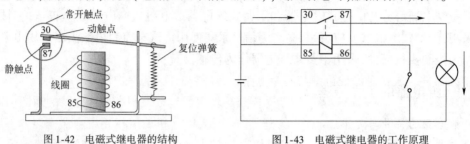

图 1-42　电磁式继电器的结构　　　　图 1-43　电磁式继电器的工作原理

> **思政教育**
>
> 　　继电器通常用于自动控制电路中,它实际上是一个"自动开关",它使用较小的电流来控制较大的电流。继电器在电路中起自动调整、安全保护和转换电路的作用。继电器市场出现了比较多的国产大名牌,但也有些类型继电器被国外技术制约,甚至垄断,需要大家共同努力攻克难关。如2018年,上海辰竹仪表安全继电器产品被盾构机选用,终结了国外品牌对此的垄断!

3. 热敏干簧式继电器

热敏干簧式继电器与电磁式继电器的主要区别是干簧式继电器的触点是一个或几个干簧管(玻璃管),如图1-44所示,它的符号与电磁式继电器一样。热敏干簧式继电器由玻璃管、惰性气体、线圈、簧片等组成。当继电器线圈通以电流时,在线圈中心工作气隙中形成磁通回路,从而使干簧管的一对触点吸合。即当线圈通电后,管中两个干簧片的自由端分别被磁化成磁铁的N极和S极而相互吸引,因而接通被控电路。线圈断电后,干簧片在本身的弹力作用下分开,将线路切断。

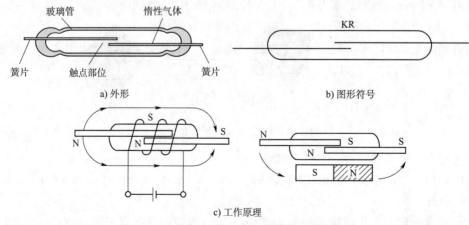

图 1-44　干簧式继电器的外形、图形符号及工作原理

项目一　新能源汽车电工基础知识认知与应用

除了电磁式继电器和干簧式继电器之外,随着电子技术的不断发展,电子继电器越来越多地应用到汽车上,相当于一个大电流的开关晶体管应用。另外,在有些汽车电路中还应用到一些结构和工作原理比较简单的双金属继电器,这里不进行具体介绍。

(二) 低压继电器在新能源汽车上的应用

继电器的作用是用开关控制继电器线圈,然后继电器工作触点闭合或者断开,触点一头和主线路电流相连,另一头和要控制的用电器相连,以实现小电流控制大电流,并在电路中与其他元器件组成安全保护机制与转换电路,对线路和开关起保护作用。

低压继电器是一种控制元件,主要功能是用低电压远程控制高电压电路的通断(用安全低电压 12~72V 控制 300~1000V 的高电压)。只要掀起机舱盖找到继电器安装盒,就可以找到继电器。汽车灯光系统、刮水器、起动机、空调、电动座椅、电动门窗、防抱死制动装置、悬架控制、音响等都要用到继电器。

继电器的主要特点有动作快、体积小、灭弧安全性高、动作可靠性高、寿命长久。

(三) 高压继电器在新能源汽车上的应用

高压继电器是新能源汽车高压电路上的受控开关器件,同时也在系统中扮演主动保护器件的角色。它在高压回路的各个开关节点都有应用,如动力蓄电池主回路、快充回路、高压用电器供电线路(如驱动电机、DC-DC、空调压缩机、加热器等)。

动力蓄电池包高压回路中,BMS(电池管理系统)通过继电器控制回路通断。理想的高压上下电策略,在高压回路没有电流或者电流非常小以后,继电器再执行断开回路的动作;上电过程中,在负载投入工作前继电器两端没有压差,高压回路接通后短时间内没有电流。这样的上下电过程,基本上就是一次机械操作。而机械寿命和电气寿命的差异是数量级上的差距。

1. 高压继电器的结构

高压继电器主要由高压腔体、衔铁机构、电磁驱动等部分组成,如图 1-45 所示。高压直流继电器与普通继电器的最大区别在于:超高压直流继电器采用了独特的密封技术,将高压直流继电器的接触点密封在腔体中,与外界空气隔离,以获得更高的耐压,在触点切换时不采用带载切换,主要用于需要对高压通道的备份装置与机构。

与普通继电器的工作原理类似,当电磁驱动部分未加激励电压时,线圈内无电流流过,对应的电磁驱动部分不会产生磁通,转动机构中的衔铁在弹簧的反力作用下,处于初始状态,高压腔体中的电极与电极经接触片连接,形成回路;当电磁驱动部分加上激励电压时,线圈内有电流流过,电磁驱动部分产生磁通,转动机构中的衔铁克服弹簧的反力作用,衔铁吸合,此时接触片随之发生转动,与电极 NC 分离,转向电极 NO,最终与 NO 电极连接。高压直流继电器最关键部分,是完成高电压转换的接触部分,被密封在高压腔体内。

2. 高压继电器性能特点

1) 耐高压

新能源电动汽车的工作平台电压都较高,远高于传统汽车的 12V/24V,因此要求其配套的高压直流继电器能够承受较高的工作电压和高压带载中可靠的闭合与分断。

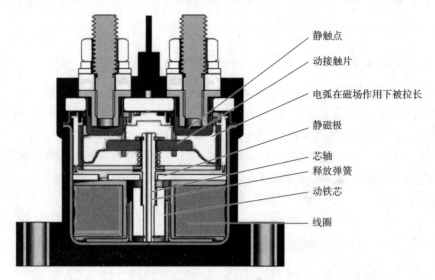

图1-45 高压继电器的结构

2）耐负载

电动汽车或电动大巴的电动机额定功率一般为30kW和80kW以上，峰值达到60kW和160kW以上，其电流将分别达到200A和300A左右，在产品性能、成本的双重压力下，要求相同的体积下，产品的耐负载能力强，同时还要具备额定负载电流数倍的瞬时过载能力；或者在相同的耐负载能力下，产品的体积越小越好。

3）抗冲击

新能源汽车用高压直流继电器不仅要具备耐受较高的电压和承载足够电流的基本功能，还要抵抗闭合瞬间电容性负载巨大电流的冲击，这个电流一般是负载额定电流的数倍至数十倍，常规的继电器都无法承受这一瞬间电流的冲击，这个冲击电流的危害就是极易导致继电器触点粘连，继电器触点分离失效，电源切断失控，严重时可造成车毁人亡等安全事故，危害极大。因此，高压直流继电器应具有良好的抗冲击性能。

4）灭弧

电弧是带电粒子组成的等离子体，是继电器触点闭合与分断动作过程中不可避免的问题。当接通和断开负载时，触点之间会产生电弧，电压/电流越高，电弧越强，电弧如果不能及时熄灭，会大大降低了继电器触点的使用寿命。

高压继电器需要采用一些特殊的快速灭弧手段降低电弧能量，减少对继电器触点的损害，延长产品的使用寿命。因此，灭弧能力强也是继电器需具备的基本特点。

5）分断

汽车在运行过程使用工况复杂，在紧急情况下，如电气系统短路时，回路中的瞬间电流骤升，此时要求继电器在极限大电流下能够顺利地切断电路，而不发生触点粘连或继电器爆炸等异常状况的发生，防止电池过放短路起火或爆炸的安全危害，这就要求继电器触点具有良好的抗冲击和抗粘连的能力。

3. 高压继电器的主触点参数

1）电气寿命

在电动汽车设计过程中，为保护继电器，同时防止大电流对高压电器造成损伤，一般会在主继电器前，对车载容性负载进行预充电设计，主继电器闭合瞬间冲击电流都会控制在额定电流以下，但是因高压系统中电阻只有几十毫欧，主继电器闭合仍然几伏压差，所以主继电器闭合瞬间仍然有较大电流，而这种带载闭合继电器的行为会对继电器造成一定程度的损伤，所以在继电器选型初期，我们需要评估在车辆生命周期内继电器需要闭合多少次，选择的继电器需要满足电气寿命的要求。

2）额定电流

额定电流是指继电器在不高于额定电流的载流下长时间工作，继电器温升保持在允许范围内，更不会影响继电器的电气寿命。电动汽车在正常平稳高速地行驶是整车持续时间最长的工况，继电器要在此工况下长时间载流工作，要保障继电器安全且不影响电气寿命，则继电器额定电流必须不低于此工况下的电动车产生的电流。

3）短时通电电流

按照电动汽车考核标准，纯电动汽车百公里加速时间≤6s，意味着加速过程中需输出远大于额定功率的扭矩，电机工作电流会大于额定电流。

例如某款电动车的驱动电流额定为170A，加速时峰值电流可达到300A，电池容量为220A·h，加速峰值电流300A的工作时间小于10s。根据此参数，可选用额定电流为150A的继电器，此款继电器载流能力满足180A的持续电流可承受2h不影响电器寿命，300A的过载电流可短时承受10min不影响电气寿命。

4）最大分断电流

作为一项安全考核项存在，最大分断电流是指继电器能正常切断最大电流。在电动汽车整车寿命中，无法保证车辆一定不会出现短路故障，需要确保当短路电流出现时，高压直流继电器可以正常切断。

5）过载切断能力

整车在加速时会产生过载电流，此时如果整车出现碰撞等需要强制切断动力电源的故障时，就会考验继电器过载切断能力。设计之初要评估整车强制过载切断动力的次数过载电流大小等参数，选择能满足过载切断需求的继电器。

6）反向切断能力

反向切断是指有极性继电器在切断电源时，电弧是有方向性的，当反向电弧灭弧难度更大，对继电器损伤更严重。但是无极性继电器成本明显更高，所有在非必需的情况下基本都会选择有极性的继电器，选型时需要评估整车需求的反向切断次数、电流大小，选择相应满足反向切断能力的继电器。

（四）继电器的常见故障与检修

1）线圈故障检修

线圈故障通常有线圈绝缘损坏；受机械伤形成匝间短路或搭铁；由于电源电压过低，动、静铁芯接触不严密,使通过线圈电流过大,线圈发热以致烧毁。其修理时,应重制线圈。如果线圈通电后衔铁不吸合,可能是线圈引出线连接处脱落,使线圈断路,检查出脱落处后焊接上即可。

2)铁芯故障检修

铁芯故障主要有通电后衔铁吸不上。这可能是由于线圈断线动、静铁芯之间有异物或者电源电压过低等造成的,应区别情况修理。通电后,若衔铁噪声大,这可能是由于动、静铁芯接触面不平整,或有油污染造成的。修理时,应取下线圈,锉平或磨平其接触面;如有油污,应进行清洗。

3)触点故障检修

大多数继电器的触点,通过它的"通与断"来完成一定的控制功能。触点的故障一般有触点过热、磨损、熔焊等。引起触点过热的主要原因是容量不够,触点压力不够,表面氧化或不清洁等;引起磨损加剧的主要原因是触点容量太小电弧温度过高使触点金属氧化等;引起触点熔焊的主要原因是电弧温度过高,或触点严重跳动等。触点的检修一般顺序如下:

(1)检查触点表面情况。

(2)如果触点表面氧化,对银触点可不作修理,对铜触点可用油光锉锉平或用小刀轻轻刮去其表面的氧化层。

(3)如果触点表面不清洁,可用汽油或四氯化碳清洗。

(4)如果触点表面有灼烧毛痕迹对银触点可不必整修,对铜触点可用油光锉或小刀整修。不允许用砂布或砂纸来整修,以免残留砂粒,造成接触不良。

(5)触点如果熔焊,应更换触点。如果是因触点容量太小造成的,则应更换容量大一级的继电器。

(6)如果触点压力不够,应调整弹簧或更换弹簧来增大压力。若压力仍不够,则应更换触点。

二、任务实施——低压继电器的检测

(一)工作准备

(1)防护装备:常规实训着装。
(2)实施器材:新能源汽车电工电子实训台及说明书、数字式万用表等。
(3)辅助材料:无

所需要设备及工具见表1-7。

设备及工具清点表　　　　表1-7

名称	数量	清点
新能源汽车电工电子实训台	1	□清点
数字式万用表	1	□清点

(二)实施步骤

1. 工作任务

新能源汽车上装备着执行各种功能的汽车电气设备,如:汽车前照灯、汽车电动刮水器、汽车电动座椅、汽车空调等。在设计这些汽车电气设备控制电路时,为了防止电路短路等故障损坏设备,保护这些电气设备的正常工作,在它们的控制电路中会增加继电器。作为汽车机电维修技术人员,一定要掌握汽车继电器的相关知识,能够完成继电器的检测与更换,为新能源汽车检修工作打下扎实的基础。

2. 现场7S管理

能够说出现场7S管理理念,并在实践过程中按要求执行。

任务5 用电安全与防护

任务描述

随着新能源汽车的日益普及,电在汽车领域中的应用也日渐广泛。新能源汽车的工作电压是300~400V的高压电,远远超过人体所能承受的36V安全电压。因此,在新能源汽车维修过程中,若操作不当,小则损坏汽车,大则危及人身安全。通过本任务的学习,学生应掌握在新能源汽车维修过程中的用电安全与防护,通过规范的实践操作与训练,养成良好的职业素养。

一、知识准备

当人体触及带电体,或者带电体与人体之间闪击放电,又或者电弧触及人体时,电流通过人体进入大地或其他导体,形成导电回路,这种情况就叫做触电。

(一)电流对人体的伤害

1. 人体电阻的大小

人体本身是一个导电体,相当于一个电阻,如图1-46所示。人体电阻的大小是决定触电后人体受到伤害程度的重要物理因素,但其阻值并不是一个固定的数值,一般情况下,干燥的皮肤在低电压下具有比较高的电阻,阻值大约为100kΩ。当电压高达数百伏时,人体电阻便下降1kΩ左右。影响人体电阻的因素有人体触电面积、身体状况、皮肤干燥程度等。

2. 人体的安全电压

人体是一个等效电阻,流过人体的电流大小与外加电压有关。因为每一个人的体质不同,所以人体的电阻也不相同,同时还有环境等影响因素,也会影响人体电阻大小。因

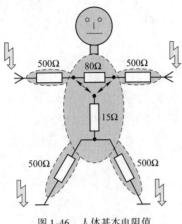

图1-46 人体基本电阻值

此,为了确保安全的条件,我们不规定安全电流大小,而是采用安全电压来进行约算。安全电压是指人体较长时间触电而不会发生触电事故的电压。世界各国对安全电压的规定各不相同。我国规定的安全电压额定等级为36V、24V、12V、6V。在我国一般采用36V作为安全电压,但是,凡工作在潮湿或危险性较大的场所,应采用24V安全电压;凡工作在条件恶劣或操作者容易大面积接触带电体的场所,应采用不超过12V的安全电压;凡人体浸在水中工作时,应采用6V安全电压。当电气设备采用超过24V的安全电压等级时,仍然需要采取防止直接接触带电体的保护措施。

3. 人体触电的条件

人体触电的前提条件是:人体成了电流回路中的一部分,电流流过人体后对人体造成伤害。

触电一般分为两种情况:直流触电和交流触电。其中直流触电的原因是人体接触电路的正负极直接构成回路,触电的安全电压在60V以下。而交流触电如图1-47所示,是人体接触火线,与大地形成了回路或人体同时接触了火线和零线形成了回路,触电的安全电压在25V以下。

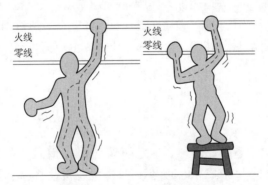

图1-47 交流触电的两种类型

4. 电对人体的伤害及影响因素

触电是指人体内有电流通过。电流通过人体而造成伤害有两种情况:一是电击,二是电伤。电击是电流通过人体内部,使人体组织受到伤害。这种伤害的危险性很大,使人的心脏、呼吸机能和脑神经系统都受到损伤,甚至引起死亡。电伤是电流对人体外部造成的伤害,有烧伤、电烙印和皮肤金属化等几种伤害,电伤比电击对人的伤害要小。

触电时,高压电流能使人体组织坏死并引起大面积肌肉烧伤,将大量的血液电解,能引起中枢神经系统强烈失调而导致死亡。

影响触电危险性的因素有多种,例如:电流的种类、电流的强度、触电的持续时间、身体触电部位的电阻、电流流过人体的路径和环境的湿度等。

一般情况下,直流电比交流电的危险性小。因为直流电会引起肌肉收缩,迫使肢体摆脱触电点。而交流电引起触电部位肌肉僵直,往往妨碍肢体脱离触电点,从而使触电时间延长,引起严重的烧伤。常见的触电部位是手,电流流出身体的部位绝大多数是脚,由于电流从一只手臂流到另一只手臂或者从手臂流到脚,都要经过身体的内脏,所以触电会引起呼吸停止、心律失常,程度严重的话会直接导致死亡。人体触电如图1-48所示。

5. 人体对不同大小电流的反应

当通过人体的交流电流超过10mA,或直流电超过8mA时,人就会很难摆脱带电体,电流对人就会产生生命危险。电流流过人体时对人体造成的伤害见表1-8。

图1-48 人体触电示意图

电流流过人体时对人体造成的伤害   表1-8

电流	作用特征	
(mA)	50~60Hz 交流电	直流电
0.6~1.5	开始有感觉,手轻微颤抖	手指开始有发麻的感受
2~3	手指强烈颤抖	手指可以有强烈的发麻感受
5~7	手部痉挛	手指肌肉轻微抖动,手指刺痛
8~10	手难以摆脱电极但还能摆脱,手指尖到手腕剧痛	手指关节轻微疼痛,手指不受控制,离不开电源
20~25	手迅速麻痹,不能摆脱电极,剧痛,呼吸困难	手指剧烈疼痛,呼吸急促,无法控制离开电源
50~80	呼吸麻痹,心房开始震颤	呼吸麻痹,头发糟,有强烈的灼痛,呼吸困难
90~100	呼吸麻痹,低续3s就会造成心脏停搏	呼吸困难,心脏跳动紊乱或者停止跳动
300以上	作用0.1s以上时呼吸和心脏停搏,机体组织遭到电流的热破坏	

6. 触电事故的预防

总结安全用电经验和教训,应采取以下措施预防触电事故:

(1)加强安全管理,建立和健全安全工作规程和制度,并严格执行。

(2)保证电气设备制造质量和安装质量,做好保护搭铁或保护接零,在电气设备的带电部分安装防护罩、防护网。

(3)使用、维护、检修电气设备,严格遵守有关安全规程和操作规程。

(4)尽量不带电作业,特别在危险场所(如高温、潮湿地点)严禁带电工作;必须带电作业时,应该用各种安全防护用具、安全工具,如使用绝缘棒、绝缘夹钳和必要的仪表,戴绝缘手套、穿绝缘靴等,并设专人监护。

(5)对各种电气设备按照规定进行定期试验、检查和检修,发现故障应及时处理;对不能修复的设备,不可使其带"病"运行,应立即更换。

(6)根据规定,在不宜使用220/380V电压的场所,应使用12～36V的安全电压。
(7)禁止非电工人员乱装乱拆电气设备,更不得乱接导线。
(8)加强技术培训和安全培训,提高安全生产和安全用电水平。

(二)用电安全与防护

1. 常用的电击防护用具

虽然新能源汽车设计的有防触电功能,但是对于事故车辆的动力蓄电池总成及控制系统,还是存在高压电。绝缘是最好的防电击伤害的办法,可使用不导电的防护用具将身体保护起来,隔绝电流的导通,以此来达到预防电击的目的。在进行新能源汽车的维护作业时,一定要穿戴好安全防护工具,对车辆进行检修前,要注意检查工具有没有破损漏电的地方,常用的电击防护用具有绝缘手套、绝缘鞋、护目眼镜、绝缘垫、绝缘工具套组等,如图1-49所示。

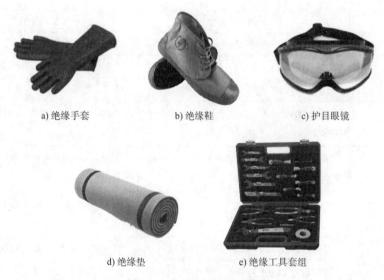

图1-49 常用的电击防护用具

2. 触电后的解救措施

如果人体不幸触电以后,可能由于痉挛或失去知觉而紧抓触电点,自己无法摆脱触电点,抢救触电者的首要步骤就是使触电者迅速脱离触电点,并且用最快的速度,施以正确的方法进行现场救护。脱离触电点的方法包括戴绝缘手套将触电人员脱开,或者切断高压电源开关,总之,要灵活运用各种方法,快速切断电源,防止事故扩大。

发生触电事故时,在保证救护者本身安全的同时,必须先设法使触电者迅速脱离触电点,然后进行以下抢修工作。

(1)使触电者迅速脱离触电点有以下方法。

①拉:立即拉下开关或拔掉电源插头。

②切:迅速用绝缘好的钢丝钳或断线钳剪断电线。

③挑:用绝缘工具、干燥的木棒等将电线挑开。

④拽：可戴手套或在手上包裹衣物等绝缘物拖拽触电者。

⑤垫：如果带电导体缠绕在触电者身上，救护人员可先用木板塞进触电者身下，使其与地绝缘来隔断电源通路，然后采取其他方法把电源迅速切断。

(2)触电者脱离触电点后，现场救护可以根据触电者受伤害的轻重程度，采取以下抢救措施。

①如果触电者受伤害不很严重，神志尚清醒，或曾昏迷但未失去知觉，则应让其在温度适宜、通风良好处静卧休息，并派人严密观察，同时尽快请医生来或送医院就诊治疗。

②对已昏迷，有心跳但无呼吸者，需进行人工呼吸。

二、任务实施——绝缘测试

(一) 工作准备

(1)防护装备：常规实训着装。
(2)实施器材：绝缘测试仪及说明书、绝缘垫、绝缘工具套组等。
(3)辅助材料：无。
所需要设备及工具见表1-9。

设备及工具清点表　　　　　　　　　　　　　　　表1-9

名称	数量	清点
绝缘测试仪	1	□清点
绝缘垫	1	□清点
绝缘工具套组	1	□清点

(二) 实施步骤

1. 工作任务

新能源汽车的动力蓄电池组的电压在300V以上，新能源汽车的汽车空调、汽车驱动电机也是高压电气设备，而人体的安全电压为36V。作为汽车机电维修技术人员，在进行新能源汽车的检测与维修过程中，一定要注意用电安全与防护，严格按照操作规程进行检测与维修，确保生产安全。下面以绝缘垫和绝缘工具套组的绝缘测试来加强学生用电安全与防护的操作规范与意识，为工作中新能源汽车电气系统检修打下扎实的基础。

2. 绝缘测试仪的认知

(1)根据实训室的配备，分小组认识绝缘测试仪的型号、规格和用途。
(2)根据实训室的条件，运用绝缘测试仪进行绝缘检测。

3. 现场7S管理

能够说出现场7S管理理念，并在实践过程中按要求执行。

习题

一、填空题

1. 电压的实际方向与参考方向一致,则得到的电压 U_{ab} _____ 0,相反则 U_{ab} _____ 0。
2. 电磁感应产生的感应电流的大小与磁通量的变化率成_____。
3. 变压器的电流变换作用中,一次侧的线圈匝数为 N_1,电流为 i_1,二次侧的线圈匝数为 N_2,电流为 i_2,它们之间的关系是_____。
4. 当继电器的线圈两端加上直流电压时,线圈的周围就产生_____。铁芯会受到_____克服复位弹簧的弹力而使衔铁的动触点吸向静触点,从而带动常闭触点断开。
5. 在我国,规定的安全电压为_____V。

二、判断题

1. 测量电阻时,一定要确保被测元件或电阻器处于断电状态。 ( )
2. 在磁介质中,磁场中某点的磁感应强度 B 与磁场强度 H 成反比关系。 ( )
3. 不考虑能量损失的情况下,变压器输入功率等于输出功率。 ( )
4. 继电器的主要作用是控制用电器电流的通断。 ( )
5. 一般情况下,直流电比交流电的危险性大。 ( )

三、选择题

1. 电路的三种工作状态是(   )。
   A. 通路   B. 开路   C. 短路   D. 回路
2. 在检测故障电路段时,某段电路的电压降为0V,这说明是(   )故障。
   A. 断路故障   B. 短路故障   C. 虚接故障
3. 铁磁性材料按其磁滞回线形状不同,可分为(   )。
   A. 软磁材料   B. 硬磁材料   C. 矩磁材料
4. 变压器根据输入端电源相数分为(   )两类变压器。
   A. 单相变压器   B. 升压变压器   C. 三相变压器   D. 降压变压器
5. 以下为常用的电击防护用具的是(   )。
   A. 绝缘手套   B. 绝缘鞋   C. 绝缘垫   D. 绝缘工具套组

项目二
新能源汽车典型电子器件应用与检测

知识目标

(1) 熟悉典型电子器件及其组成部分。
(2) 掌握典型电子器件基本电路的工作状态。
(3) 熟悉基本电路的连接。
(4) 掌握典型电子器件的参数及测量。
(5) 用电安全与防护。

技能目标

(1) 能够正确描述典型电子器件的作用及其组成部分。
(2) 能够辨识典型电子器件基本电路的工作状态。
(3) 能够分析典型电子元器件在电路中的作用,并能绘制基本工作电路。
(4) 会正确测量典型电子元器件基本电路中的基本电学参数。

素养目标

(1) 能够根据所学知识进行拓展学习。
(2) 能够制订工作计划,独立完成工作学习任务。
(3) 能够在工作过程中,与小组其他成员合作、交流并进行学习任务分工,具备团队合作和安全操作意识。
(4) 养成服从管理,依据企业 7S 管理模式规范作业的良好工作习惯。
(5) 培养安全工作的意识和习惯。

▶学时:8 学时

任务1 电容器应用与检测

📝 任务描述

电容器是电子技术中应用最为普通的元件之一,在汽车电路中也得到了广泛应用,对于改善汽车的性能起到了一定的作用。超级电容是近年来发展比较迅猛的一种新型储能装置,主要应用在新能源汽车制动能量回收系统中,通过电机将新能源汽车在制动或减速过程中产生的动能转化成电能,储存在超级电容器内。作为维修人员,应掌握电容器的结构、原理及其特性,并能对其正确地检测与维修,完成各类故障的诊断与排除。

一、知识准备

(一) 电容器的概念

电容器是储存电荷的元件,也可以说是储存电场能量的元件,电容器是电路中的一种储能元件。简单的电容器结构如图2-1所示,用电介质隔开而又相互靠近的两个导体,即构成一个电容器,这两块导体称为电容器的极板。

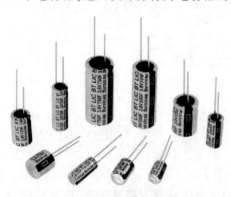

图2-1 电容器结构

电容是用来表示电容器储存电荷能力的物理量,一般记为 C,国际单位是法拉(F)。如果一个电容器储存 $1C$ 的电容量时,两极板间的电势差就是 $1V$,则这个电容大小为 $1F$,即:

$$C = Q/U \text{ 或 } Q = CU \tag{2-1}$$

式中:Q——带电量。

电容器的电容在数值上等于使电容器的电压每升高一个单位所需要的电量。若 Q 的单位为库(C),U 的单位为伏(V),则电容 C 的单位为法拉(F),即 $1F = 1C/V$。

在实际应用中,法拉这个单位太大,通常用微法(μF)或皮法(pF)作单位:$1\mu F = 10^{-6}F$,$1pF = 10^{-12}F$。

电容器的电容大小与电容器的结构,包括极板的面积、极板间距和极板间的绝缘介质有关,不是由带电量和电压决定的。一般情况下,极板面积越大,极板间距越小,极板间介质绝缘性越好,则电容越大,常见的平行板电容器电容的计算公式为:

$$C = \varepsilon \frac{S}{d} \tag{2-2}$$

式中:S——极板面积;

d——极板间的距离。

(二)电容器的充放电过程

电容器的充电过程如图 2-2a)所示,当开关 S1 闭合、开关 S2 断开时,电容器的两端与直流电源相连接,在电源电压的作用下,就会有电荷向电容器的极板移动形成暂时的电流,由于极板间相互绝缘,电荷不能通过,会导致电荷聚集在电容器的极板上。与电源正极连接的极板上聚集正电荷,与电源负极连接的极板上聚集等量的负电荷,电容器充电过程中其两端的电压逐渐增大,一旦电容两端电压与电源电压相等,充电完成,此时电路中的电流停止流动电路可视作开路。

电容器的放电过程如图 2-2b)所示,当开关 S1 断开、开关 S2 闭合时,电容器两极板与电源断开,此时电容器与负载连接在一起。电容器将储存的电荷在电路中流动,从而形成放电电流,两块极板之间的电压就会逐渐下降为零。

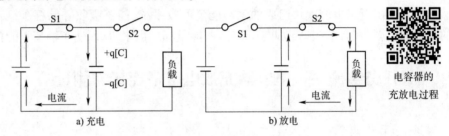

图 2-2 电容器测充放电过程

(三)电容器在汽车上的应用

1. 高通滤波器

在汽车上常将电容器作为短时电荷储存器使用,可以用作电压滤波和减少过峰峰值。如图 2-3 所示为带有 RC 组件的高通滤波器电路,通过高通滤波器,可分开直流电压(DC)和交流电压(AC)。

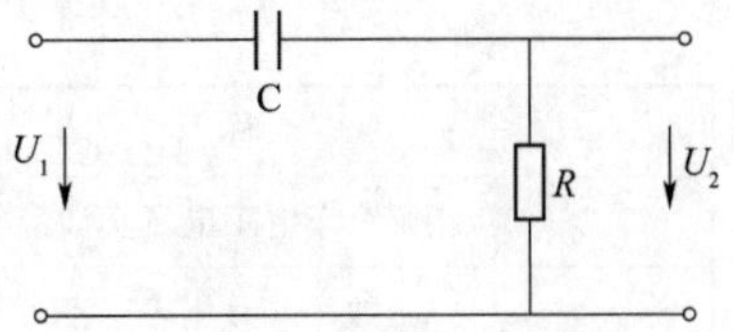

输入端电压为一种叠加直流电压和交流电压的混合电压。在充电时,电容器起到直流断续器的作用,只有交流电压组件可促进电容器反复进行电荷交换,在此过程中通过的电流会在电阻上产生交流电压。这种电路用在带有晶体管的放大器系统内,用于从混合电压中滤出交流电压。

图 2-3 带 RC 元件的高通滤波器电路

思政教育

通过对电容器基本知识的学习,以及对应用电容器的高通滤波器的认识,我们可以看出,电容器的基本构造和原理并不复杂,应用电路也没有想象中的那么神秘,只要合理地运用,就能够使小的元器件发挥大作用。在生活中,我们也要懂得积极思考,合理运用所学知识,做到理论联系实际,推动个人能力提升。

2. 超级电容的应用

超级电容器又称电化学电容器,是通过极化电解质来储能的一种新型储能元件。但在储能的过程中超级电容器并不发生化学反应,具有超级储电能力,其储能过程是可逆的,可以反复充放电数十万次。其性能介于蓄电池和传统电容器之间,它兼有电池和物理电容器的特性,能提供比物理电容器更高的能量密度,比电池具有更高的功率密度和更长的循环寿命,如图2-4所示。

图2-4 超级电容器

由于超级电容具有充电快、能量转换效率高、循环使用寿命长、高自放电的等特点,可作为新能源汽车的储能装置使用,目前常用于新能源客车领域。在新能源客车上,超级电容主要用作城市混合动力客车制动能量回收系统的储能装置。由超级电容模块组成的制动能量回收系统,能够吸收并储存车辆在制动时产生的全部动能,并在客车起动或加速时将这些能量释放出来,从而使车辆节省能耗。

二、任务实施——电容器充放电电路连接与测量

(一)工作准备

(1)防护装备:常规实训着装。
(2)实施器材:新能源汽车电工电子实训台及说明书、数字式万用表等。
(3)辅助材料:无。
所需要设备及工具见表2-1。

设备及工具清点表　　　　　　表2-1

名称	数量	清点
新能源汽车电工电子实训台	1	□清点
数字式万用表	1	□清点

(二)实施步骤

1.工作任务

认识电容器充放电电路及所包含的元器件,充放电电路图如图2-2所示。对所包含的元器件进行检测。根据电路图搭建电容器充放电电路,进行电容器充放电电路检测。

2.新能源汽车电工电子实训台认知

(1)根据实训室的配备,分小组认识新能源汽车电工电子实训台的型号、规格、组成和使用方法。
(2)根据实训室的条件,运用新能源汽车电工电子实训台,搭建电容器充放电电路。

3.数字式万用表认知

(1)根据实训室的配备,认识数字式万用表的外观、型号、规格和用途。

(2)根据实训室的条件,运用数字式万用表,进行电路元器件、电容器充放电电路的测量。

4. 现场7S管理

能够说出现场7S管理理念,并在实践过程中按要求执行。

任务2　电感器应用与检测

任务描述

新能源汽车上许多传感器或执行器软件都是跟电感密切相关的,通过电磁原理来实现汽车上的各种功能。新能源汽车传统充电方式是使用车载充电机,把220V交流电升高为高压后对电池进行充电。近年来,汽车无线充电也逐渐得到应用,无线充电主要是利用线圈的电磁感应。作为维修人员,应掌握电感器的结构和基本工作原理,并能正确地检测与维修,完成各类故障的诊断与排除。

一、知识准备

(一) 电感器的认知

1. 线圈

线圈是指将导线根据一定的规律绕起来,通常绕制在固体上,固体可以是陶瓷体或铁芯。

2. 电感

当通过线圈的电流发生变化时,线圈周围的磁通也随之变化,磁通将在线圈中引起感应电动势,这种由回路自身的电流变化引起的电感现象称为自感应现象。磁通链与电流的比值称为线圈的自感系数,简称自感,又称电感,单位为亨和(H),简称亨。公式如下:

$$L = \frac{\psi}{i} \tag{2-3}$$

式中:ψ——磁通链,Wb;

i——电流,A。

电感是线圈最重要的物理特性,一个线圈的电感是表征在自身绕组中将电能转换为磁能的能力。若一个线圈通过1A电流产生的磁通链为1Wb,那么这个线圈就具有1H的电感。

(二) 电感器的连接

1. 串联电感器

在一个电路中将两个或两个以上的电感器串联在一起,这种连接方式叫做电感器的串

联,如图 2-5 所示。在电路中多个电感器串联,可以用一个等效电感来代替。等效电感与串联的电感器电感的关系为:

$$L = L_1 + L_1 + \cdots + L_n \tag{2-4}$$

2. 并联电感器

在一个电路中,把两个或两个以上的电感器并列地连接在两点之间,这时每个电感器两端所承受的电压是相同的,这种连接方式称为电感器的并联,如图 2-6 所示。

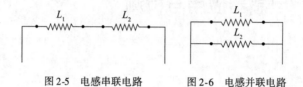

图 2-5 电感串联电路　　图 2-6 电感并联电路

在电路中多个电感器并联,可以用一个等效电感来代替。等效电感与并联的电感器电感的关系为:

$$\frac{1}{L} = \frac{1}{L_1} + \frac{1}{L_2} + \cdots + \frac{1}{L_n} \tag{2-5}$$

思政教育

通过对电感器串联和并联电路的学习,我们可以看出,即使相同的电感器在电路中采用不同的连接方式,所达到的效果也会千差万别。在团队合作中也是这样的,每个个体在团队中发挥的作用是不一样的,只有团队中所有人都能够按要求完成自己的工作,才能实现最终的目标,否则结果就不能达到预期。

(三)电感的应用

1. 电感器在变压器中的应用

(1)变压器的结构。

电感器在变压器中的应用

变压器是一种包含磁耦合线圈的设备,变压器工作的基本原理是电磁感应(或互感)。最基本的变压器结构如图 2-7 所示,由一个铁芯和套在铁芯上的两个匝数不等的线圈组成。与电源连接的线圈为初级线圈,与负载连接的线圈为次级线圈。

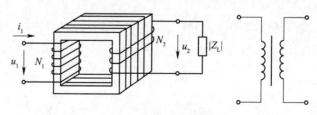

图 2-7 变压器基本结构

(2)变压器的工作原理。

①空载运行和电压变化。

如图2-8所示,将变压器的初级线圈接到交流电压u_1上,次级线圈开路,这种运行状态称为空载运行。此时次级绕组中的电流为i_2,电压为开路电压u_{20},初级绕组通过的电流为空载电流为i_{10},电压和电流的参考方向如图所示,图中N_1为初级绕组的匝数,N_2为次级绕组的匝数。

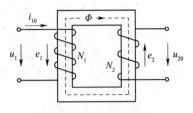

图2-8 变压器空载运行

次级绕组开路,通过初级绕组的空载电流i_{10}就是励磁电流。磁动势$i_{10}N_1$在铁芯中产生的主磁通Φ穿过初级绕组的同时也穿过次级绕组,于是在初级、次级绕组中分别感应出电动势e_1和e_2。此时e_1和e_2与Φ的参考方向之间符合右手螺旋定则,由法拉第电磁感应定律可得:

$$e_1 = -N_1 \frac{d\Phi}{dt} \tag{2-6}$$

$$e_2 = -N_2 \frac{d\Phi}{dt} \tag{2-7}$$

e_1和e_2的有效值分别为:

$$E_1 = 4.44 f N_1 \Phi_m \tag{2-8}$$

$$E_2 = 4.44 f N_2 \Phi_m \tag{2-9}$$

式中:f——交流电源的频率范围;

Φ_m——主磁通的最大值。

如果忽略漏磁通的影响,并且不考虑绕组上电阻的压降时,可认为初级、次级绕组中电动势的有效值指近似等于初级、次级绕组上电压的有效值,即$U_1 = E_1$,$U_2 = E_2$,则可得:

$$\frac{U_1}{U_{20}} = \frac{E_1}{E_2} = \frac{4.44 f N_1 \Phi_m}{4.44 f N_2 \Phi_m} = \frac{N_1}{N_2} = K \tag{2-10}$$

由式(2-10)可见,变压器空载运行时,初级、次级绕组上电压的比值等于两者的匝数之比。K称为变压器的变比。若改变变压器与初级、次级绕组的匝数,就能够把某一数值的交流电压变为同频率另一数值的交变电压。

$$U_{20} = \frac{N_2}{N_1} U_1 = \frac{1}{K} U_1 \tag{2-11}$$

当初级绕组的匝数N_1比次级绕组的匝数N_2多时,$K>1$,这种变压器为降压变压器。反之,当N_1的匝数少于N_2的匝数时,$K<1$,这种变压器为升压变压器。

②负载运行和电流变化。

如图2-9所示,变压器的初级绕组交流电压u_1,次级绕组接上负载Z_L,这种运行状态称为负载运行。此时次级绕组的电流为i_2,初级绕组电流由i_{10}增大为i_1,且u_2略有下降,这是因为有了负载后,i_1、i_2会增大,初级、次级绕组本身的内部压降也要比空载时增大,使次级绕组电压U_2比E_2低一些,因为变压器内部压降一般小于额定电压的10%,因此变压器有无负载对电压比的影响不大,可以认为负载运行时变压器初级、次级绕组的电压比仍然基本上等于初级、次级绕组匝数之比。

(3) 新能源汽车无线充电原理。

现在新能源汽车充电不仅可采用接触式充电方法,也可以采用非接触式的无线充电方法,如图 2-10 所示。无线充电大概有三种传输方式:电磁感应式、无线电波式和磁场共振式。三种方式总体来说基本原理都是一样的,就是利用交变电磁场的电磁感应,来实现能量的无线传输。目前电磁感应式和磁场共振式充电技术较为适合电动汽车。

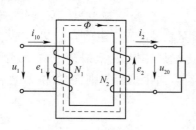

图 2-9　变压器负载运行

图 2-10　新能源汽车无线充电

二、任务实施——变压器电路的搭建与检测

(一)工作准备

(1)防护装备:常规实训着装。
(2)实施器材:新能源汽车电工电子实训台及说明书、数字式万用表等。
(3)辅助材料:无。
所需要设备及工具见表 2-2。

设备及工具清点表　　　　　　　　　　　　表 2-2

名称	数量	清点
新能源汽车电工电子实训台	1	□清点
单相变压器	1	□清点
数字式万用表	1	□清点

(二)实施步骤

1. 工作任务

识别变压器的结构和主要组成元器件,通过外观识别变压器的基本参数。根据变压器工作原理搭建相关电路,通过空载试验、短路试验测定变压器的变比和参数,通过负载试验测得变压器的运行特性。

2. 单相变压器

根据实训室的配备,分小组认识单相变压器的外形、结构和主要组成元器件。

3. 新能源汽车电工电子实训台认知

(1)根据实训室的配备,分小组认识新能源汽车电工电子实训台的型号、规格和用途。

（2）根据实训室的条件，运用新能源汽车电工电子实训台，搭建变压器相关电路。

4．数字式万用表认知

（1）根据实训室的配备，认识数字式万用表的外观、型号、规格和用途。

（2）根据实训室的条件，运用数字式万用表，进行变压器空载试验、短路试验和负载试验电流、电压数据的测量。

5．现场 7S 管理

能够说出现场 7S 管理理念，并在实践过程中按要求执行。

任务3　二极管应用与检测

任务描述

二极管由于其具有结构和原理简单、工作可靠等优点，自 20 世纪 50 年代初期出现开始到现在，一直都得到广泛的应用。新能源汽车中车载充电机是指固定在新能源汽车上的充电机，内部设置有整流电路模块，用于将获取的交流电转换为直流电，再进行升压后，为动力蓄电池进行充电。作为维修人员，应掌握二极管的基本工作原理，并能正确地检测与维修，完成各类故障的诊断与排除。

一、知识准备

（一）基础知识

1．导体和半导体

导体、半导体和绝缘体是对自然界物质按导电能力进行的分类。导体是容易使电流通过的物体，绝缘体是电流几乎不能通过的物体，半导体是介于导体和绝缘体之间的物质。在导体和半导体中能够承载定向电流的带电粒子称为载流子。

半导体中的载流子是自由电子和空穴，如图 2-11 所示。半导体的导电性能与载流子的数目相关。如果在半导体两端外加一个电场，自由电子会在电场的作用下产生定向移动，从而形成电子流，由于空穴带正电，电子受到空穴的吸引，会按一定的方向依次填补空穴，这就使电子原来的位置上形成一个空穴，相当于空穴产生了定向移动，形成空穴流。半导体中的电流是由电子流和空穴流共同构成的，所以在半导体中有自由电子和空穴两种粒子参与导电。

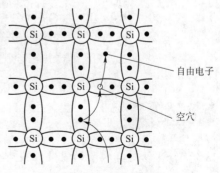

图 2-11　半导体中的载流子

2. PN 结

PN 结是由 P 型半导体和 N 型半导体结合构成的。P 型半导体中空穴浓度大于电子浓度，也就是说空穴的数目要大于自由电子的数目，空穴为多数载流体。N 型半导体中，电子浓度大于空穴，也就是说自由电子的数目大于空穴的数目，电子为多数载流体。当 P 型半导体和 N 型半导体结合后，在二者的交界处出现电子和空穴的浓度差，载流子在无规则运动中由高浓度区向低浓度区扩散，即 P 型半导体中的空穴会向 N 型半导体的电子流动，N 型半导体的电子会向 P 型半导体的空穴流动。这就导致在两种半导体的界面两侧留下不能运动的带正负电荷的杂质离子，称为空间电荷。这些空间电荷建立的电场称为内电场或自建电场，自建电场会阻止载流体的扩散运动，同时会吸引对方区域的电子或空穴向本区域产生漂移运动，扩散运动和漂移运动达到动态平衡时就形成了稳定的空间电荷区，这就形成了 PN 结，如图 2-12 所示。

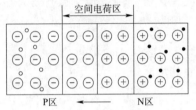

图 2-12 PN 结的形成

3. PN 结的单向导电性

如在 PN 结外加正向电压（称为正向偏置），外加电压建立的外部电场与 PN 结内部的自建电场方向相反，内部电场被削弱，导致 P 区的多数载流子空穴迅速通过 PN 结的交界面向 N 区扩散，而 N 区的多数载流子电子则迅速通过 PN 结的交界面向 P 区扩散，这样就在外电路形成较大的正向电流，所施加的电源电压和外电路电阻决定了电流的大小。这时我们称 PN 结为正向导通，阻值较低。

如在 PN 结外加反向电压（称为反向偏置），外加电压建立的外部电场与 PN 结内部的自建电场方向相同，加强了内电场，使空间电荷区变宽，阻止 P 区的多数载流子向 N 区扩散，同时也阻止了 N 区的多数载流子向 P 区扩散，只有少数载流子可以向对方区域进行漂移运动，形成漂移电流，由于参与漂移运动的载流体数目非常少，所以漂移电流很小，这个电流称为 PN 结的反向漏电流，反向漏电流的方向为从 N 区流入 P 区。这时我们称 PN 结为反向截止，阻值较高，如图 2-13 所示。

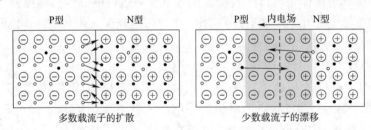

图 2-13 PN 结的导通和截止原理

思政教育

PN 结是二极管的重要组成部分，它的特性也直接决定了二极管的特性，也就是我们应用二极管的重要特性——单向导通性。在分析元器件外在变现特性、电路外在功能的时候，一定要从基本结构和原理出发，透过现象看本质，这样才能从根本上掌握工作原理。在学习和生活中也是这样的,如果只知其然不知其所以然,往往在遇到新问题、新困难时就会束手无策、停滞不前。所以要学习积极思考,提高自身的分析能力,能够根据现象本身,找出根本原因,才能解决实际问题。

(二)二极管类型及特性

半导体二极管就是将 PN 结用外壳封装起来并在 P 区和 N 区分别用引线导出电极构成的,简称为二极管。由 P 区引出的电极为阳极,由 N 区引出的电极为阴极,如图 2-14 所示。

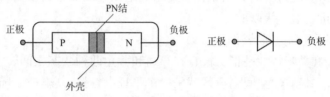

图 2-14 二极管的结构示意图和符号

1. 二极管的分类

(1)按材料分:硅二极管、锗二极管等。

(2)按结构分:点接触型、面接触型和平面型。

(3)按用途分:整流二极管、稳压二极管、发光二极管、光电二极管等。

常见的二极管外形如图 2-15 所示。

2. 二极管的基本特性

(1)二极管的伏安特性。

二极管的伏安特性是指二极管阳极和阴极之间电压与阳极电流之间的关系。如图 2-16 所示为二极管的伏安特性曲线。

二极管的伏安特性

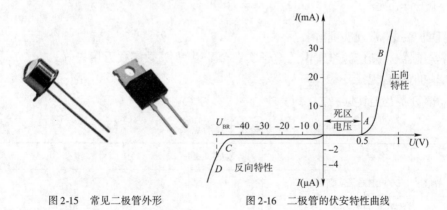

图 2-15 常见二极管外形　　图 2-16 二极管的伏安特性曲线

由图 2-16 可知,二极管的伏安特性有以下特点:

①当二极管两端的外加正向电压 $U=0$ 时,通过二极管的电流 $I=0$。

②当二极管两端的外加正向电压 U 较小时,因施加的外电场还不足以使载流子克服内电场的阻挡作用而进行扩散运动,故正向电流很小,近似为零。二极管的阻值较大,我

们将这一区域称为死区。硅二极管的死区电压为0~0.5V,锗二极管的死区电压为0~0.2V。

③当二极管两端的外加正向电压 U 超过阈值电压后,正向电流急剧增加,曲线出现与纵轴平行的趋势。此时内电场被大幅削弱,多数载流子的扩散运动增强,电流随电压增大而迅速增大,二极管正向导通,阻值降低。

④当在二极管两端外加反向电压,且反向电压不是很大时,少数载流子的扩散运动形成很小的反向漏电流,在温度一定时,反向漏电流很小,其特性曲线几乎平行于横轴。

⑤当二极管两端外加反向电压超过一定程度时,反向电流将急剧增大,这种现象称为二极管的击穿,此时所对应的电压叫做二极管的击穿电压。二极管的反向击穿电压通常为几十到几百伏,最高可达上千伏以上。

(2)二极管的开通和关断特性。

二极管的开通和关断特性是指二极管在导通和截止两种状态之间转换过程中的特性,简称为开关特性。二极管的空间电荷区就是一个平板电容器,其电荷量随外加电压变化而变化,呈电容效应,称为结电容。由于有结电容的存在,使二极管开通和关断过程不能在瞬时完成,需要有一定的时间,这就限制了二极管的工作频率。

二极管在开通初期,两端出现较高的瞬态压降,需要经过一定的正向恢复时间才能达到稳态,导通压降才会降为很小。这是因为当二极管导通时,电导调制效应开始作用所需的大量少数载流子存储需要一定的时间,此阶段二极管导通电阻较大,所以达到稳态导通前管压降较大。

二、任务实施——二极管的识别与检测

(一)工作准备

(1)防护装备:常规实训着装。
(2)实施器材:新能源汽车电工电子实训台及说明书、数字式万用表等。
(3)辅助材料:无。
所需要设备及工具见表2-3。

设备及工具清点表　　　　　　　　表2-3

名称	数量	清点
新能源汽车电工电子实训台	1	□清点
数字式万用表	1	□清点

(二)实施步骤

1.工作任务

通过对二极管的识别和测量,掌握二极管识别和检测方法。搭建二极管电路,测量电路

中电阻、二极管的电压,分析二极管的工作状态。

2. 新能源汽车电工电子实训台认知

(1)根据实训室的配备,分小组认识新能源汽车电工电子实训台的型号、规格和用途。

(2)根据实训室的条件,运用新能源汽车电工电子实训台,搭建二极管工作电路。

3. 数字式万用表认知

(1)根据实训室的配备,认识数字式万用表的外观、型号、规格和用途。

(2)根据实训室的条件,运用数字式万用表,进行二极管导通性、二极管工作电路电阻与二极管电压的测量。

4. 现场 7S 管理

能够说出现场 7S 管理理念,并在实践过程中按要求执行。

任务4 三极管应用与检测

📝 任务描述

三极管是半导体的基本元器件之一,具有电流放大作用,是电子电路的核心元件。在汽车电路中,三极管有着广泛的作用。电控单元可以通过控制三极管的基极实现三极管的截止、饱和、导通等状态,从而控制某个执行元器件。三极管可具体应用到电磁线圈控制、传感器等。作为维修人员,应掌握三极管的结构、基本工作原理,并能正确地检测与维修,完成各类故障的诊断与排除。

一、知识准备

(一)三极管的概念

三极管,全称应为半导体三极管,也称双极型晶体管、晶体三极管,是一种控制电流的半导体器件,其作用是把微弱信号放大成幅度值较大的电信号,也用作无触点开关。常见三极管外形如图2-17 所示。

(二)三极管的结构

三极管的基本结构是在一块半导体基片上,根据不同的掺杂方式,制造出三个掺杂区域,形成两个 PN 结。这三个区域分别为发射区、基区、集电区,在每个区域上引出的电极引线分别称为发射极 e、基极 b 和集电极 c。发射区与基区交界处的 PN 结称为发射结,集电区与基区交界处的 PN 结称为集电结。三极管基本结构如图2-18 所示。

图 2-17 常见三极管外形

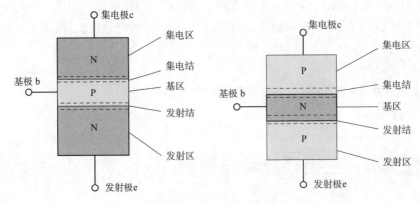

图 2-18 三极管的基本结构

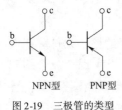

图 2-19 三极管的类型

PNP 型三极管发射区"发射"的是空穴,其移动方向与电流方向一致,故发射极箭头向里;NPN 型三极管发射区"发射"的是自由电子,其移动方向与电流方向相反,故发射极箭头向外。发射极箭头指向也是 PN 结在正向电压下的导通方向。硅晶体三极管和锗晶体三极管都有 PNP 型和 NPN 型两种类型,如图 2-19 所示。

(三)三极管的电流放大作用和开关特性

1. 三极管的电流放大作用

普通三极管可以把微弱的电流变成一定强度的电流,也就是说当输入给三极管一个较小的电流信号后,经过三极管的放大,可以输出一个较大的电流信号。

如图 2-20 所示为三极管电流放大实验电路,实验中所用的是 NPN 晶体管。由图中可知,电路中三极管的偏置满足发射结正向偏置,集电结反向偏置。

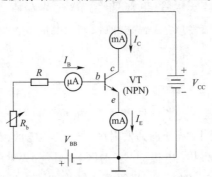

图 2-20 三极管电流放大实验电路

发射结正向偏置可使发射区的自由电子通过 PN 结注入基极，形成基极电流 I_B。集电结反向偏置，使集电极电位高于基极电位，于是在集电结上有一个较强的电场，把由发射区注入基区的自由电子大部分拉到集电区，形成集电极电流 I_C。

改变基极回路中的可调电阻 R_B，就可以改变基极电流 I_B，集电极电流 I_C 与发射极电流 I_E 也都随之变化，得出的测试数据见表 2-4。

三极管电流放大实验测试数据 表 2-4

电流(mA)	实验次数					
	1	2	3	4	5	6
I_B	0	0.01	0.02	0.03	0.04	0.05
I_C	0.01	1.09	2.08	3.07	4.06	5.05
I_E	0.01	1.10	2.10	3.10	4.10	5.10

由表可得三极管各电极电流分配关系为：

$$I_E = I_B + I_C \tag{2-12}$$

由于基极电流很小，因而 $I_E \approx I_C$。

通常称 $\overline{\beta} = I_C/I_B$ 为共射极直流电流放大系数，可得：

$$I_C = \overline{\beta} I_B \tag{2-13}$$

$$I_E = (1 + \overline{\beta}) I_B \tag{2-14}$$

基极偏流的微小变化（ΔI_B）能引起集电极电流的很大变化，例如由第 4、第 5 次实验测得的数据可知，$\Delta I_B = 0.04 - 0.03 = 0.01 \text{mA}$，$\Delta I_C = 4.06 - 3.07 = 0.99 \text{mA}$，$\dfrac{\Delta I_C}{\Delta I_B} = \dfrac{0.99}{0.01} = 99$，我们把这个比值称为电流放大系数，记作 β，表达式为：

$$\beta = \frac{\Delta I_C}{\Delta I_B} \tag{2-15}$$

β 值是由晶体管的结构特点和制造工艺决定的，并且与工作电流的大小有关。常用的小功率晶体管 β 值为 20~150，β 值太小，放大能力差，β 值太大，工作稳定性差。β 值随 I_C 的变化而有差异，特别是在 I_C 很小或很大时，β 值将明显下降。此外由于工艺上的分散性，即使同一型号的晶体管，β 值也会有所不同。

由上述实验结果可知，当 I_B 有一微小变化时，能引起 I_C 较大的变化，这种现象称为三极管的电流放大作用。

电流放大作用的实质是通过改变基极电流 I_B 的大小，达到控制 I_C 大小的目的，而并不是真正把微小电流放大了，因此成三极管为电流控制型器件。

思政教育

从三极管的电流放大作用中可以看出，通过较小的电流输入，在控制三极管导通和截止的同时，放大了电流。这是三极管最主要的作用，在实际的应用电路中也往往是利

> 用了这一作用。如何合理地使用电器元件,需要同学们能够充分了解电器元件的原理,继而合理运用,发挥其最大的作用。半导体基础元件发展对于电子产品的发展影响非常大,同学们要有踏实肯干的信心,为祖国的科技发展贡献力量。

2. 三极管的开关特性

开关特性是三极管非常重要的一个特性。在用作开关的场合中,三极管只是简单地在截止和饱和两种状态之间切换。这两种状态间切换的过程只是发生在数毫秒之间。

三极管基本开关电路如图 2-21 所示。

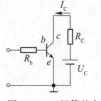

图 2-21 三极管基本开关电路

当基极输入高电位(正脉冲)控制信号时,三极管将导通并进入饱和状态,集电极回路电流较大,集电极—发射极间电压接近于零,此时三极管相当于一个接通的开关。

当基极由高电位变低电位时,管子截止,相当于一个断开的开关,切断了集电极回路。

(四)三极管的伏安特性曲线

三极管的伏安特性曲线是指各级电压与电流之间的关系曲线,是三极管内部载流子运动的外部表现,从工程应用角度来看,外部特性更为重要。三极管的特性曲线主要有输入特性和输出特性两种曲线。如图 2-22 所示为三极管特性曲线的测试电路。

1. 输入特性曲线

三极管的输入特性曲线如图 2-23 所示。输入特性曲线反映了在集电极到发射极电压 U_{CE} 一定的情况下,基极电流 I_B 与基极到发射极的电压 U_{BE} 之间的关系曲线。关系式为:

$$I_B = f(U_{BE})|_{U_{BE}=常数} \tag{2-16}$$

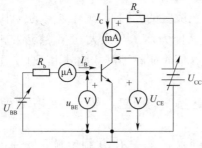
图 2-22 三极管特性曲线测试电路

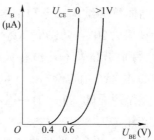
图 2-23 三极管的输入特性曲线

当 $U_{CE}=0V$ 时,集电极与发射极短路,发射极与集电极并联,输入特性曲线与 PN 结的伏安特性类似呈指数关系。当 U_{CE} 增大时,曲线将右移,实际上对于确定的 U_{BE},当 U_{CE} 增大到特定值以后,集电极的电场已经足够强,可以将发射区注入基区的绝大多数载流子收集到集电区,因而继续增大 U_{CE},I_C 也不可能明显增大,也就是说 I_B 基本不变。因此当 U_{CE} 增大超过一定数值后,曲线不再明显右移,而是基本重合。对于小功率管,可以近似地用 U_{CE} 大于 1V

的任何一条曲线来代替U_{CE}大于1V的所有曲线。

三极管的输入特性曲线是非线性的,起始段与二极管相似也有一段死区,中间一段近似于直线,为线性区,属于放大工作的范围。正常工作时发射极电压值不大,硅晶体管约为0.7V,锗晶体管约为0.3V。最后是很陡的一段,如果U_{BE}过大,则将导致I_B急剧增大,损坏三极管,所以通常在基极回路中串联一个固定的限流电阻来限制基极的电流。

2. 输出特性曲线

输出特性曲线是指基极电流I_B一定时,集电极电流I_C与管子输出端电压U_{CE}之间的关系曲线,关系式为:

$$I_C = f(U_{CE})|_{I_B=常数} \qquad (2\text{-}17)$$

对于任意一个确定的I_B值都有一条曲线,所以输出特性曲线是一组曲线,如图2-24所示。

由图2-24可以看出,对于某一条曲线,当U_{CE}从零逐渐增大时,集电极电场随之增强,收集发射区发射的多数载流子的能力逐渐增强,因而I_C逐渐增大。

当U_{CE}增大一定值后,此时的集电极电场已经足够强,已经把发射区注入基区的多数载流子收集到集电区,U_{CE}继续增大收集载流子的能力也不再明显提高,表现为曲线几乎与横轴平行,I_C几乎仅仅取决于I_B值。

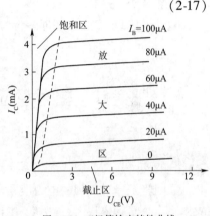

图2-24 三极管输出特性曲线

二、任务实施——三极管放大电路的搭建与检测

(一) 工作准备

(1) 防护装备:常规实训着装。
(2) 实施器材:新能源汽车电工电子实训台及说明书、数字式万用表等。
(3) 辅助材料:无。
所需要设备及工具见表2-5。

设备及工具清点表　　　　表2-5

名称	数量	清点
新能源汽车电工电子实训台	1	□清点
数字式万用表	1	□清点

(二) 实施步骤

1. 工作任务

根据三极管的外形判定三极管的管脚。搭建三极管放大电路,测试静态条件下输入端

的电流 I_{BQ} 和电压 U_{BEQ}，以及输出端电流 I_{CQ} 和电压 U_{CEQ} 的值，求出静态工作点，从而掌握三极管的工作原理。

2. 新能源汽车电工电子实训台认知

(1) 根据实训室的配备，分小组认识新能源汽车电工电子实训台的型号、规格和用途。

(2) 根据实训室的条件，运用新能源汽车电工电子实训台，搭建三极管放大电路。

3. 数字式万用表认知

(1) 根据实训室的配备，认识数字式万用表的外观、型号、规格和用途。

(2) 根据实训室的条件，运用数字式万用表，进行相关电流和电压的测量。

4. 现场 7S 管理

能够说出现场 7S 管理理念，并在实践过程中按要求执行。

任务5　晶闸管应用与检测

任务描述

晶闸管是最早出现的电力电子器件之一，它在电力电子技术的发展中起到了非常重要的作用。晶闸管容量大、价格低、工作可靠，尽管其工作频率较低，但在高电压大电流应用场合仍是无可替代的器件。在汽车电子设备中，晶闸管起到了电子开关、调压、调速、调光、逆变等作用。作为维修人员，应掌握晶闸管的结构、基本工作原理，并能正确地检测与维修，完成各类故障的诊断与排除。

一、知识准备

(一) 晶闸管的基础知识

1. 晶闸管的认知

晶体闸流管简称晶闸管，是一种能控制大电流通断的功率半导体器件。晶闸管的问世，使半导体器件从弱电领域进入强电领域，在电力电子行业中得到了广泛应用。晶闸管有螺栓型、平板型和模块型等不同的封装形式。图 2-25 所示为各类晶闸管产品外形图。

2. 晶闸管的结构

晶闸管是由四层半导体 P—N—P—N 叠合而成，形成三个 PN 结（J_1、J_2、J_3），并对外引出三个电极。由最外部 P_1 层和 N_2 层引出的两个电极分别为阳极 A 和阴极 K，由中间 P_2 层引出的电极是门级 G。由晶体管的结构可知，晶体管可以看成是三个二极管连接而成的。如图 2-26 所示为晶闸管的结构和电气符号。

图 2-25 常见晶闸管产品外形

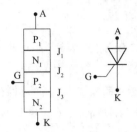

图 2-26 晶闸管的结构和电气符号

(二) 晶闸管的工作原理

1. 晶闸管的等效电路

晶闸管的 4 层结构可等效看作两个三极管,如图 2-27 所示。4 层 PNPN 结构的晶闸管,可看成由一个 PNP 型和一个 NPN 型三极管连接而成的。晶闸管的阳极 A 相当于 PNP 型晶体管为 V_1 的发射极,阴极 K 相当于 NPN 型晶体管 V_2 的发射极。

2. 晶闸管的导通原理

当晶闸管阳极承受正向电压时,J_1 和 J_3 结为正向偏置,此时的 J_2 结为反向偏置,晶闸管处无阻断状态。如果想使晶闸管导通,就需要晶闸管结构中承受反向电压的 J_2 结失去阻挡作用,将在门极施加正向电压,使门极

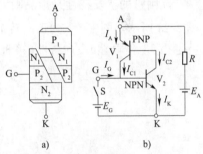

图 2-27 晶闸管的模型及工作原理

有足够大的门极电流流入,J_1 和 J_3 结邻近的基区注入少量载流子,起发射极的作用,处于偏反向偏置的 J_2 结起着集电极的作用。此时两个复合晶体管电路形成强烈的正反馈,造成两个晶体管饱和导通,晶闸管由阻断状态进入饱和状导通状态。正反馈过程为:

$$I_G \uparrow \to I_{B2} \uparrow \to I_{C2}(I_{B1}) \uparrow \to I_{C1} \uparrow \to I_{B2} \uparrow$$

导通后晶闸管上的压强很小,电源电压几乎全部加在负载上,晶闸管中流过的电流即为负载电流。

在晶闸管导通后,晶闸管的导通状态,完全依靠晶闸管本身的正反馈作用来维持,此时 $I_{B2} = I_{C1} + I_G$,而 I_{C1} 远远大于 I_G,说明即使门极电流消失,而 I_{B2} 仍足够大,晶闸管仍处于导通状态。因此,门极的作用仅是触发晶闸管使其导通,导通之后门极就失去了对晶闸管的控制作用。要使晶闸管关断,必须去掉阳极正向电压或施加阳极反向电压,当流过晶闸管的电流降低到某一较小电流时,使饱和导通的双晶体管退出饱和状态,晶闸管才能关断。

3. 晶闸管的关断原理

使晶闸管关断,就需要将阳极电流减小到使之不能维持正反馈的程度,也就是将晶体管的阳极电流减小到小于维持电流,有三种方法:①去掉阳极正向电压或施加阳极反向电压,当流过晶闸管的电流降低到某一较小电流时,使饱和导通的双晶体管退出饱和状态,晶闸管关断;②增大负载,使晶体管阳极电流减小到一定数值以下,使其不能维持导通;③将阳极电源断开,使阳极电流为零。

> **思政教育**
>
> 从二极管、三极管,再到晶闸管,都是对 PN 结的应用,只是 PN 结的数目和排列方式发生了改变,导致构成的元器件特性发生了改变,从而应用于不同工作场合。这体现了基础研究的重要性,新的材料的发现、元器件的发明可能会对整个工业带来变革,所以开展基础性研究,是实现高水平科技自立自强的迫切要求,是建设世界科技强国的必由之路。

(三)晶闸管的特性

1. 晶闸管的伏安特性

晶闸管的伏安特性是指晶闸管阳极、阴极间电压 U_A 和阳极电流 I_A 之间的关系特性,如图 2-28 所示。图中 U_{BO} 为正向转折电压,U_{RO} 为反向击穿电压。晶闸管的伏安特性包括正向特性(第Ⅰ象限)和反向特性(第Ⅲ象限)两部分。

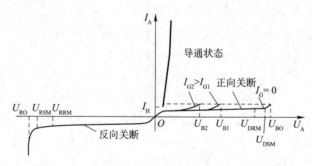

图 2-28 晶闸管的伏安特性曲线

(1)正向特性。

在门极电流 $I_G=0$ 的情况下,逐渐增大晶闸管的正向阳极电压,这时晶闸管处于关断状态,只有很小的正向漏电流。随着正向阳极电压的增加,当达到正向转折电压 U_{BO} 时,漏电流突然剧增,特性从正向关断状态突变为正向导通状态。

(2)反向特性。

晶闸管的反向特性是指晶闸管的反向阳极电压(阳极相对阴极为负电位)与阳极漏电流的伏安特性。晶闸管的反向特性与一般二极管的反向特性相似。当晶闸管承受反向阳极电压时,晶闸管总是处于关断状态。当反向电压增加到一定数值时,反向漏电流增加较快。再继续增大反向阳极电压,会导致晶闸管反向击穿,造成晶闸管的损坏。

2. 晶闸管的动态特性

在进行电力电子电路分析时,通常都将晶体管视做理想器件,所以认为器件开通和关断是瞬时完成的。但在实际运行过程当中,由于器件内部载流子的变化使器件的开通和关断不是瞬时完成,而是需要一定的时间。晶闸管的动态特性是指晶闸管工作在阻断状态和导通状态之间变换过程中的特性,包括开通特性和关断特性。晶闸管的动态特性如图2-29所示。

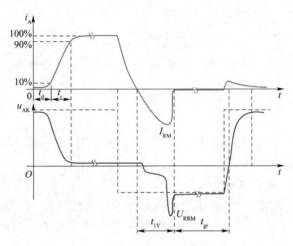

图2-29 晶闸管的动态特性

(1)开通过程。

晶闸管的开通过程是指晶闸管由阻断状态到正向导通状态的转换过程,晶闸管在正向阻断状态下突加门极电流,由于其内部正反馈过程和外电路电感的影响,阳极电流上升需要一定的时间,从门极加触发电流到阳极电流上升到稳态值的10%所需要的时间称为延时时间t_d。阳极电流从稳态值的10%上升到稳态值的90%,所需要的时间称为上升时间t_r,延时时间t_d与上升时间t_r之和成为开通时间t_{on}。

(2)关断过程。

晶闸管的关断过程指其由导通状态到阻断状态的转换过程。当反向电压加在晶闸管上时,晶闸管阳极电流将逐渐下降,阳极电流下降到零时,晶闸管不会立即关断,此时反向偏置的PN结空间电荷层厚度将增加,这种变化导致反向电流的存在,称为反向恢复电流。由于外电路中电感的作用,反向恢复电流逐渐增大,达到峰值后再逐渐减小,在反向恢复电流变化的同时,由于电感的存在,晶闸管两端的电压也发生变化,产生一个尖峰电压,最终反向恢复电流逐渐减小到接近零,晶闸管恢复对反向电压的阻断能力。

二、任务实施——晶闸管导通和关断电路搭建及测试

(一)工作准备

(1)防护装备:常规实训着装。
(2)实施器材:新能源汽车电工电子实训台及说明书、数字式万用表等。
(3)辅助材料:无。
所需要设备及工具见表2-6。

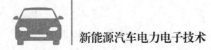

设备及工具清点表　　　　　　　　　　表2-6

名称	数量	清点
新能源汽车电工电子实训台	1	□清点
数字式万用表	1	□清点

(二)实施步骤

1. 工作任务

认识晶闸管的外形和组成。搭建晶闸管导通和关断电路,掌握晶闸管的简易测试方法,验证晶闸管的导通条件和判断方法。

2. 新能源汽车电工电子实训台认知

(1)根据实训室的配备,分小组认识新能源汽车电工电子实训台的型号、规格和用途。

(2)根据实训室的条件,运用新能源汽车电工电子实训台,搭建晶闸管导通和关断电路。

3. 数字式万用表认知

(1)根据实训室的配备,认识数字式万用表的外观、型号、规格和用途。

(2)根据实训室的条件,运用数字式万用表,进行晶闸管各极电压测量。

4. 现场7S管理

能够说出现场7S管理理念,并在实践过程中按要求执行。

任务6　场效应晶体管应用与检测

✏️任务描述

场效应晶体管被广泛应用于新能源汽车中,如纯电动汽车中的电机控制器等。控制单元根据收集到的各传感器信号进行运算分析后,输出相应电压信号控制场效应晶体管导通或者断开,从而实现对应电路模块控制。作为维修人员,应掌握场效应晶体管的结构、基本工作原理及其特性,并能正确地检测与维修,完成各类故障的诊断与排除。

一、知识准备

(一)场效应晶体管的认知

1. 场效应晶体管的结构

场效应晶体管有结型和绝缘栅型两种。通过外加电场控制PN结耗尽层来改变沟道宽度的场效应管为结型场效应晶体管,在电力电子技术中将其称为静电感应晶体管JFET。通过控制以氧化硅绝缘的栅极和半导体之间的电场,来改变半导体中感应沟道宽度的场效应管为绝缘栅型场效应晶体管,电力电子技术中称之为电力 MOSFET。

结型场效应晶体管按导电沟道可分为 N 沟道和 P 沟道两类,如图 2-30 所示。N 沟道是指导电道中载流子是电子,P 沟道是指导电沟道中载流子是空穴。

场效应晶体管的结构

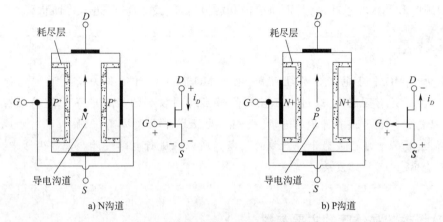

图 2-30 结型场效应晶体管结构与符号

电力 MOSFET 的种类和结构很多,按导电沟道可分为 P 沟道和 N 沟道两类,同时又有耗尽型和增强型之分,如图 2-31 所示。当栅极电压为零时,漏、源极之间就存在导电沟道的称为耗尽型,否则,只有栅极电压不为零时才存在沟道的器件称为增强型。在电力 MOSFET 中,主要使用的是 N 沟道增强型器件。

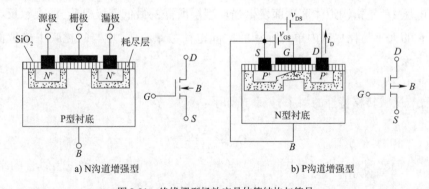

图 2-31 绝缘栅型场效应晶体管结构与符号

电力 MOSFET 由于结构上的特点,在其内部漏极和源极之间存在一个反并联的体内二极管。当电力 MOSFET 承受反向电压时,体内二极管将导通。因此,在感性电路中使用时,可不必在外部反并联续流二极管,利用其自身的体内二极管即可,但如果续流电流较大,还需另外并联较大容量的快速二极管。当需要电力 MOSFET 承受反向电压时,则需在电路中反串联正向快速二极管。

2. 电力 MOSFET 的工作原理

(1) 栅极、源极(简称栅源极) 电压 $U_{SG}=0$ 时,栅极下的 P 型区表面呈现空穴堆积状态,不可能出现反型层,无法沟通漏极、源极。此时,即使在漏极、源极之间施加电压,MOS管也不会导通。

(2)当栅源极电压 $U_{SG}>0$ 且不够充分时,栅极下面的P型区表面呈现耗尽状态,还是无法沟通漏极、源极,此时MOS管仍保持关断状态。

(3)当栅源极电压 U_{SG} 达到或超过一定值时,栅极下面的硅表面从P型变成N型,成N型沟道把源区和漏区联系起来,从而将漏极和源极沟通,使MOS管进入导通状态。

思政教育

由电力MOSFET的工作原理可知,电力MOSFET的开通和关断是通过电压控制的,与三极管是有区别的,通过电压控制能够实现用较小的控制电压就能满足控制要求,所以更加节能。随着科学的进步,我们的生活水平大大提高,但带来了对于能源的大量消耗,资源短缺已成为十分严重的问题。所以在进行电路设计和日常生活中,都要考虑节能,促进可持续发展。

(二)场效应晶体管的主要参数

1. 通态电阻 R_{on}

通态电阻 R_{on} 在确定的栅源极电压 U_{SG} 下,由可调电阻区进入饱和区时的直流电阻。它是影响最大输出功率的重要参数,在开关电路中决定了输出幅度和自身损耗的大小。

2. 开启电压 U_T

开启电压 U_T 是指沟道体区表面发生强反型层所需的最低栅极电压,即表示反型层形成的条件。它的大小与耗尽区内单位面积的空间电荷数量有关,也与氧化膜中单位面积的正电荷数量有关。

3. 跨导 U_{FS}

跨导 U_{FS} 反映转移特性的斜率,关系式如下:

$$G_{FS} = \frac{\Delta I_D}{\Delta U_{GS}} \tag{2-18}$$

4. 漏极击穿电压 U_{DS}

漏极击穿电压 U_{DS} 是为了避免器件进入雪崩区而设的极限参数,决定了功率MOSFET(金属—氧化物半导体场效应晶体管)的最高工作电压。U_{DS} 的大小取决于漏极PN结的雪崩击穿能力和栅极对沟道、漏区反偏结电场的影响等因素。

5. 栅源击穿电压 U_{GS}

栅源击穿电压 U_{GS} 是为了防止绝缘层会因栅源极间电压过高而发生介质击穿而设定的参数。栅源极之间的绝缘层很薄,U_{GS} 大于20V将导致绝缘层击穿。

6. 最大漏极电流 I_{DM}

最大漏极电流 I_{DM} 是表征功率MOSFET电流容量的参数。

(三) 场效应晶体管的伏安特性

场效应晶体管的伏安特性主要包括转移特性和输出特性。

(1) 转移特性。

漏极电流 I_D 和栅源击穿电压 U_{GS} 的关系称为 MOSFET 的转移特性，如图 2-32 所示。I_D 较大时，I_D 与 U_{GS} 的关系近似成线性，曲线的斜率定义为跨导 U_{FS}。

(2) 输出特性。

场效应晶体管的输出特性也叫做漏极伏安特性，如图 2-33 所示。输出特性是指随着栅源击穿电压 U_{GS} 的变化，漏极电流 I_D 与漏极击穿电压 U_{DS} 之间的关系特性。

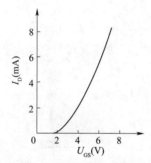

图 2-32 MOSFET 的转移特性

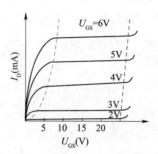

图 2-33 MOSFET 的输出特性

MOSFET 的输出特性主要包括三个区域：

① 截止区。

② 饱和区。此区域是指漏源电压增加而漏极电流不再增加，也就是说漏极电流不随漏源电压变化而变化。

③ 非饱和区。此区域是指随着漏源电压的增加，漏极电流也相应增加。

二、任务实施——场效应晶体管栅极及好坏判定

(一) 工作准备

(1) 防护装备：常规实训着装。

(2) 实施器材：新能源汽车电工电子实训台及说明书、数字式万用表等。

(3) 辅助材料：无。

所需要设备及工具见表 2-7。

设备及工具清点表　　表 2-7

名称	数量	清点
新能源汽车电工电子实训台	1	□清点
数字式万用表	1	□清点

(二)实施步骤

1. 工作任务

判定电力电子元器件时,应能够判定元件的好坏,同时能够根据元器件工作原理通过简单的测试判定元器件相关参数。认识场效应晶体管,通过测试判定场效应晶体管的好坏,同时能够判定出栅极 G。

2. 新能源汽车电工电子实训台认知

(1)根据实训室的配备,分小组认识新能源汽车电工电子实训台的型号、规格和用途。

(2)根据实训室的条件,运用新能源汽车电工电子实训台,选择合适的场效应晶体管。

3. 数字式万用表认知

(1)根据实训室的配备,认识数字式万用表的外观、型号、规格和用途。

(2)根据实训室的条件,运用数字式万用表,进行场效应晶体管各个电极间电阻的测量。

4. 现场 7S 管理

能够说出现场 7S 管理理念,并在实践过程中按要求执行。

习题

一、填空题

1. 电容器是_____的元件,也可以说是_____的元件,电容器是电路中的一种储能元件。

2. 在一个电路中,把两个或两个以上的电感器并列地连接在两点之间,这时每个电感器两端所承受的电压是_____,这种连接方式称为电感器的并联。

3. 半导体中的电流是由_____和_____共同构成的,所以在半导体中有两种粒子参与导电。

4. PN 结具有_____性,_____偏置时导通,_____偏置时截止。

5. 三极管的三个电机分别称为_____、_____和_____。

6. 半导体三极管按结构分为_____型和_____型。

二、判断题

1. 电容器的电容量要随着它所带电荷量的多少而发生变化。( )
2. 由于二极管具有单向导电性,所以二极管要正向接入电路才能发挥作用。( )
3. 在晶闸管的门极上加载出发信号后,晶闸管就导通。( )
4. 晶闸管导通后,要想使晶闸管关断,只要去掉阳极正向电压即可。( )
5. 电流放大系数的值是由晶体管的结构特点和制造工艺决定的,并且与工作电流的大小有关。( )

三、选择题

1. 如果把一个电容器极板的面积加倍,并使其两极板之间的距离减半,则( )。
   A. 电容增大到 4 倍   B. 电容减半   C. 电容加倍   D. 电容保持不变

2. 电感的单位是( )。

A. 特斯拉　　　　　B. 法拉　　　　　　C. 亨利　　　　　　D. 韦伯

3. 用万用表电阻挡测量某一个二极管时,如果正、反电阻均较大,则说明该二极管(　　)。

A. 短路　　　　　　B. 完好　　　　　　C. 开路　　　　　　D. 无法判断

4. 场效应晶体管是用(　　)控制漏极电流的。

A. 栅极电流　　　　B. 栅极电压　　　　C. 漏极电流　　　　D. 漏极电压

5. 场效应晶体管是靠(　　)导电的。

A. 一种载流子　　　B. 两种载流子　　　C. 电子　　　　　　D. 空穴

项目三
新能源汽车典型电子电路应用与检测

知识目标

(1) 熟悉并掌握整流电路及其组成部分。
(2) 熟悉并掌握逆变电路及其组成部分。
(3) 熟悉并掌握稳压电路及其组成部分。
(4) 熟悉并掌握滤波电路及其组成部分。
(5) 熟悉并掌握斩波电路及其组成部分。
(6) 熟悉并掌握整流电路的工作原理。
(7) 熟悉并掌握逆变电路的工作原理。
(8) 熟悉并掌握稳压电路的工作原理。
(9) 熟悉并掌握滤波电路的工作原理。
(10) 熟悉并掌握斩波电路的工作原理。

技能目标

(1) 能够看懂整流电路图并根据电路图进行相应的检修。
(2) 能够看懂逆变电路图并根据电路图进行相应的检修。
(3) 能够看懂稳压电路图并根据电路图进行相应的检修。
(4) 能够看懂滤波电路图并根据电路图进行相应的检修。
(5) 能够看懂斩波电路图并根据电路图进行相应的检修。

素养目标

(1) 能够制订工作计划,独立完成工作学习任务。
(2) 能够在工作过程中,与小组其他成员合作、交流并进行学习任务分工,具备团队合作和安全操作意识。
(3) 养成服从管理,依据企业7S管理模式规范作业的良好工作习惯。
(4) 培养安全工作的意识和习惯。

▶学时:8学时

项目三 新能源汽车典型电子电路应用与检测

任务1 整流电路应用与检测

任务描述

汽车中的"整流电路"是把交流电能转换为直流电能的电路,由变压器、整流主电路和滤波器等组成。PWM 整流电路由全控性功率开关器件构成,采用脉冲宽度调制(Pulse Width Modulation,PWM)控制方式。PWM 整流电路也不是传统意义上的 AC/DC 变换电路,而是一种能够实现电能双向变换的电路。

PWM 的工作原理
及实车应用

一、知识准备

(一)半波整流

1. 半波整流的定义

半波整流是利用二极管的单向导电性进行整流的最常见的电路,常用来将交流电转变为直流电,如图 3-1 所示。

变压器次级电压 E_2 是一个方向和大小都随时间变化的正弦波电压,它的波形如图 3-2a)所示。在 $0 \sim \pi$ 时间内,E_2 为正半周即变压器上端为正、下端为负,此时二极管承受正向电压面导通,E_2 通过它加在负载电阻 R_{fz} 上。在 $\pi \sim 2\pi$ 时间内,E_2 为负半周,变压器次级下端为正、上端为负。这时 D 承受反向电压,不导通,R_{fz} 上无电压。在 $2\pi \sim 3\pi$ 时间内,重复 $0 \sim \pi$ 时间的过程。而在 $3\pi \sim 4\pi$ 时间内,又重复 $\pi \sim 2\pi$ 时间的过程。这样反复下去,交流电的负半周就被"削"掉了,只有正半周通过 R_{fz},在 R_{fz} 上获得了一个单一右向(上正下负)的电压,如图 3-2b)所示,达到了整流的目的。但是,负载电压以及负载电流的大小还随时间而变化,因此,通常称它为脉动直流电。

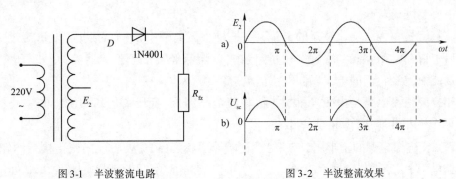

图 3-1 半波整流电路　　　　　图 3-2 半波整流效果

2. 半波整流的特性

半波整流利用二极管的单向导电性,在输入为标准正弦波的情况下,输出获得正弦波的正半部分,负半部分则损失掉。

> **思政教育**
>
> 半波整流后获得正弦波的正半部分,且输出的直流电为脉动直流电,只能用在对电源要求不高的简单电路中,因而实际中很少用到。半波整流后负半部分则损失掉,在当今这个能源紧缺的社会,我们要不断提高能源利用率,否则就不能成为主流的应用模式。

(二)全波整流电路

1. 全波整流的定义

全波整流就是对交流电的正、负半周电流都加以利用,输出的脉动电流,是将交流电的负半周也变成正半周,即将50Hz的交流电流,变成100Hz的脉动电流。全波整流与半波整流的对比如图3-3所示。

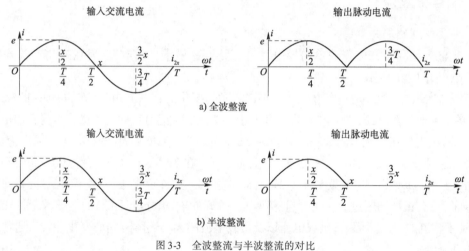

图3-3 全波整流与半波整流的对比

2. 全波整流的特性

全波整流是一种对交流整流的电路。在这种整流电路中,半个周期内,电流流过一个整流器件(例如晶体二极管),而在另一个半周内,电流流经第二个整流器件,并且两个整流器件的连接能使流经它们的电流以同一方向流过负载。

单相全波整流电路是由两个单相半波整流电路组成,变压器的二次绕组的中心抽头把 u_2 分成两个大小相等、方向相反的 u_{21} 和 u_{22}。

在正弦交电流电源的正半周,VD_1 处于正向导通状态,VD_2 处于反向截止状态,电流流经 VD_1、负载电阻 R_L 回到变压器中心抽头 O 点,构成回路,因此负载得到半波整流电压和电流。

在电源负半周时,VD_2 导通,VD_1 截止。电流流经 VD_2、R_L,回到变压器中心抽头 O 点,负载 R_L 又得半波整流电压和电流。

项目三 新能源汽车典型电子电路应用与检测

这两个工作状态合起来为一个周期,也叫全波整流电路,如图 3-4 所示。

(三)桥式整流电路

1. 桥式整流的定义

桥式电路是一种整流电路,由四只二极管口连接成"桥"式结构,作用是将交流变压电路输出的交流电转换成单向脉动性直流电。

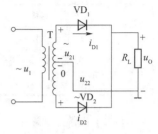

图 3-4 全波整流电路

2. 桥式整流电路的结构组成

桥式整流电路是使用最多的一种整流电路。这种电路由四只二极管口连接成"桥"式结构。整流电路主要由变压器、整流主电路和滤波器等组成。主电路多由硅整流二极管和晶闸管组成。滤波器接在主电路与负载之间,用于滤除脉动直流电压中的交流成分。

3. 桥式整流电路的原理

桥式整流电路工作原理如图 3-5 所示。

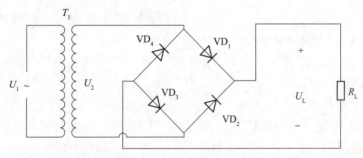

图 3-5 桥式整流电路工作原理图

桥式整流电路的工作原理如下:输入电压 U_2 为正半周时,对 D_1、D_3 加正向电压,D_1、D_3 导通;对 D_2、D_4 加反向电压,D_2、D_4 截止。电路中构成 U_2、D_1、R_L、D_3 通电回路,在 R_L 上形成上正下负的半波整流电压;输入电压 U_2 为负半周时,对 D_2、D_4 加正向电压,D_2、D_4 导通;对 D_1、D_3 加反向电压,D_1、D_3 截止。电路中构成 U_2、D_2、R_L、D_4 通电回路,同样在 R_L 上形成上正下负的另外半波整流电压。

二、任务实施——三相桥式全控整流电路实验

(一)工作准备

(1)防护装备:常规实训着装。
(2)实施器材:MCL-Ⅲ教学实验台主控制屏、电阻、双踪示波器、数字式万用表。
(3)辅助材料:无

所需要设备及工具见表 3-1。

设备及工具清点表　　　　　　　　表3-1

名称	数量	清点
电子工作平台	1	□清点
数字式万用表	1	□清点
双踪示波器	1	□清点

(二)实施步骤

(1)按图3-6接好三相桥式全控整流电路实验主回路。

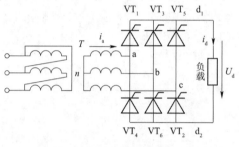

图3-6 三相桥式全控整流电路实验

(2)接好触发脉冲的控制回路。将给定器输出 U_g 接至MCL-33面板的 U_{ct} 端,将MCL-33面板上的 U_{blf} 搭铁。

打开MCL-32的钥匙开关,检查晶闸管的脉冲是否正常。

①用示波器观察MCL-33的双脉冲观察孔,应有间隔均匀、相互间隔60°的幅度相同的双脉冲。

②检查相序,用示波器观察"1""2"单脉冲观察孔,"1"脉冲超前"2"脉冲60°则相序正确,否则,应调整输入电源。

(3)三相桥式全控整流电路。

①电路带电阻负载(灯箱)的情况下:调节 $U_{ct}(U_g)$,使在触发角30°~90°范围内,用示波器观察记录触发角=30°、60°、90°时,整流电压 $u=f(t)$,晶闸管两端电压 $u=f(t)$ 的波形,并用万用表记录相应的 U_d 和交流输入电压 U 数值。

②电路带阻感负载的情况下:在负载中串入700mH的电感调节 $U_{ct}(U_g)$,使在触发角30°~90°范围内,用示波器观察记录触发角=30°、60°、90°时,整流电压 $u=f(t)$,晶闸管两端电压 $u=f(t)$ 的波形,并用万用表记录相应的 U_d 和交流输入电压 U 数值。

(4)电路模拟故障现象观察。

在触发角=60°时,断开某一晶闸管元件的触发脉冲开关,则该元件无触发脉冲即该支路不能导通,观察并记录此时的 U 波形。

 任务2　逆变电路应用与检测

📝 任务描述

逆变电路是一种将直流电源转换为交流电源的电子装置。新能源汽车的逆变电路可以将电池中的直流电转化为交流电,为电动汽车提供动力。通过逆变器,电动汽车的电动机可以获得所需的交流电,使得电动汽车可以正常行驶。同时,逆变器还可以调节电压和频率,提高电力质量和效率。DC/AC 变换器又称为逆变器,是应用电力电子器件将直流(DC)电转换成交流(AC)电的一种变流装置。

一、知识准备

(一)逆变器

1. 逆变器的定义

逆变器是把直流电能(电池、蓄电瓶)转变成定频定压或调频调压交流电(一般为220V、50Hz 正弦波)的转换器。它由逆变桥、控制逻辑和滤波电路组成。简单地说,逆变器就是一种将低压(12V 或 24V 或 48V)直流电转变为 220V 交流电的电子设备。因为通常是将 220V 交流电整流变成直流电来使用,而逆变器的作用与此相反,故而得名逆变器。新能源汽车所用逆变器如图 3-7 所示。

2. 逆变器的分类

为了满足不同用电设备对交流电源性能参数的不同要求,发展了多种逆变电路,并大致可按以下方式分类。

图 3-7　新能源汽车逆变器

(1)按输出电能的去向划分,可分为有源逆变电路和无源逆变电路。

(2)按电流波形划分,可分为正弦逆变电路和非正弦逆变电路。

(3)按输出相数划分,可分为单相逆变电路和三相逆变电路。

(4)按直流电源性质划分,可分为由电压型直流电源供电的电压型逆变电路和由电流型直流电源供电的电流型逆变电路。

3. 逆变器的工作原理

逆变器是一种直流电转换成交流电的变压器,它其实与转化器是一种电压逆变的过程。转换器是将电网的交流电压转变为稳定的12V 直流输出,而逆变器是将转换器输出的12V 直流电压转变为高频的高压交流电;两个部分同样都采用了用得比较多的脉宽调制(PWM)技术。其核心部分都是一个 PWM 集成控制器,转换器采用的是 UC3842,逆变器则采用 TL5001 芯片。TL5001 的工作电压范围为 3.6～40V,其内部设一个误差放大器、一个调节器、振荡器、有死区控制的 PWM 发生器、低压保护回路及短路保护回路等。

4. 逆变器的工作过程

逆变器在新能源汽车上的应用场景:动力蓄电池输出的电流是直流电,电动机是交流电动机,动力蓄电池给电动机供电时,要将直流低压电转换成交流高压电才能供动力蓄电池使用。其工作过程如图 3-8 所示。

总体来说,逆变器的基本原理十分简单,通过在电源与负载之间设置两组开关,改变经过负载的电流方向。具体为:D1 与 D4 为一组开关,D3 与 D2 为一组开关。当 D1 一组闭合时,D2 一组断开,经过负载的电流方向为从左到右;而当 D2 一组闭合时,D1 一组断开,电流方向变为了从右到左。两组开关以特定频率交替工作起到逆变效果。

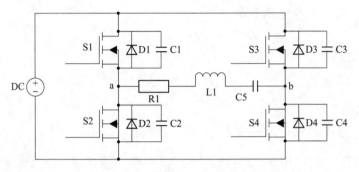

图 3-8 新能源汽车逆变器工作过程

(二) 逆变电路

逆变电路是把直流电变成交流电的电路,也称 DC-AC 电路。逆变电路与整流电路相对应,把直流电变成交流电称为逆变。当交流侧接在电网上,即交流侧接有电源时,称为有源逆变;当交流侧直接和负载链接时,称为无源逆变。逆变电路的基本作用是在电路的控制下将中间直流电路输出的直流电源转换为频率和电压都任意可调的交流电源,如图 3-9 所示。

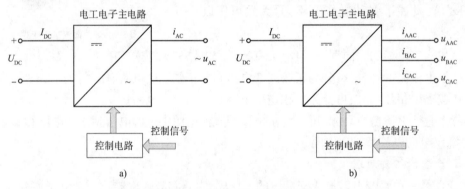

图 3-9 逆变电路功能示意图

逆变电路可以分为单相半桥逆变电路和三相桥式逆变电路。

1. 单相半桥逆变电路

单相半桥逆变电路及有关信号波形如图 3-10 所示。C_1、C_2 是两个容量很大且相等的电容,它们将电压 U_d 分成相等的两部分,使 B 点电压为 $U_d/2$,三极管 VT_1、VT_2 基极加有一对相反的脉冲信号,VD_1、VD_2 为续流二极管,R、L 代表感性负载(如电动机就为典型的感性负载,其绕组对交流电呈感性,相当于电感 L,绕组本身的直流电阻用 R 表示)。

电路工作过程如下:

在 $t_1 \sim t_2$ 期间,VT_1 基极脉冲信号 U_{b1} 为高电平,VT_2 的 U_{b2} 为低电平,VT_1 导通、VT_2 关断,A 点电压为 U_d,由于 B 点电压为 $U_d/2$,故 R、L 两端的电压 u_o 为 $U_d/2$,VT_1 导通后有电流流过 R、L,电流途径是:$U_d + \to VT_1 \to L、R \to B$ 点 $\to C_2 \to U_d -$,因为 L 对变化电流有阻碍作用,

流过 R、L 的电流 i_o 将慢慢增大。

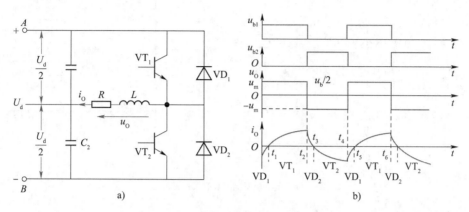

图 3-10 单相半桥逆变电路及有关信号波形

在 $t_2 \sim t_3$ 期间，VT_1 的 U_{b1} 为低电平，VT_2 的 U_{b2} 为高电平，VT_1 关断，流过 L 的电流突然变小，L 马上产生左正右负的电动势，该电动势通过 VD_2 形成电流回路，电流途径是：L 左正 $\rightarrow R \rightarrow C_2 \rightarrow VD_2 \rightarrow L$ 右负，该电流方向仍是由右往左，但电流随 L 上的电动势下降而减小，在 t_3 时刻电流 i_o 变为 0。在 $t_2 \sim t_3$ 期间，由于 L 产生左正右负电动势，A 点电压较 B 点电压低，即 R、L 两端的电压 u_o 极性发生了改变，变为左正右负，由于 A 点电压很低，虽然 VT_2 的 U_{b2} 为高电平，VT_2 仍无法导通。

在 $t_3 \sim t_4$ 期间，VT_1 基极脉冲信号 U_{b1} 仍为低电平，VT_2 的 U_{b2} 仍为高电平，由于此时 L 上的左正右负电动势已消失，VT_2 开始导通，有电流流过 R、L，电流途径是：C_2 上正（C_2 相当于一个大小为 $U_d/2$ 的电源）$\rightarrow R \rightarrow L \rightarrow VT_2 \rightarrow C_2$ 下负，该电流与 $t_1 \sim t_3$ 期间的电流相反，由于 L 的阻碍作用，该电流慢慢增大。因为 B 点电压为 $U_d/2$，A 点电压为 0（忽略 VT_2 导通压降），故 R、L 两端的电压 u_o 大小为 $U_d/2$，极性是左正右负。

在 $t_4 \sim t_5$ 期间，VT_1 的 U_{b1} 为高电平，VT_2 的 U_{b2} 为低电平，VT_2 关断，流过 L 的电流突然变小，L 马上产生左负右正的电动势，该电动势通过 VD_1 形成电流回路，电流途径是：L 右正 $\rightarrow VD_1 \rightarrow C_1 \rightarrow R \rightarrow L$ 左负，该电流方向由左往右，但电流随 L 上电动势下降而减小，在 t_5 时刻电流 i_o 变为 0。在 $t_4 \sim t_5$ 期间由于 L 产生左负右正电动势，A 点电压较 B 点电压高，即 u_o 极性仍是左负右正，另外因为 A 点电压很高，虽然 VT_1 的 U_{b1} 为高电平，VT_1 仍无法导通，t_5 时刻以后，电路重复上述工作过程。

2. 全桥逆变电路

全桥逆变电路共四个桥臂，可看成两个半桥电路组合而成，两对桥臂交替导通 180°，输出电压和电流波形与半桥电路形状相同，幅值高出一倍，改变输出交流电压的有效值只能通过改变直流电压 U_d 来实现，如图 3-11 所示。

三个单相逆变电路可组成一个三相逆变电路，应用最广的是三相桥式逆变电路。其基本工作方式为：每桥臂导电 180°，同一相上下两臂交替导电，各相开始导电的角度差 120°。任一瞬间有三个桥臂同时导通。每次换流都是在同一相上下两臂之间进行，也称为纵向换流。典型的三相桥式逆变电路如图 3-12 所示。

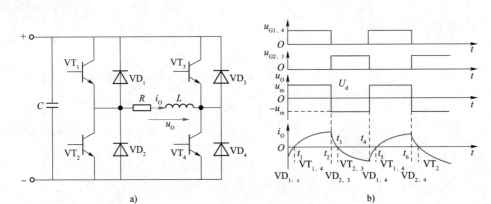

图 3-11 全桥逆变电路及有关信号波形

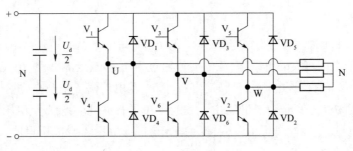

图 3-12 三相桥式逆变电路图

二、任务实施——三相桥式逆变电路的检测

(一) 工作准备

(1) 防护装备:常规实训着装。

(2) 实施器材:MCL 系列教学实验台主控制屏、MCL-18 组件(适合 MCL-Ⅱ)或 MCL-3 组件(适合 MCL-Ⅲ)、MCL-33(A)组件或 MCL-53 组件(适合 MCL-Ⅱ、Ⅲ、Ⅴ)、MEL-03 可调电阻器(或滑线变阻器 1.8K,0.65A)、MEL-02 芯式变压器、双踪示波器、数字式万用表。

(3) 辅助材料:无。

所需要设备及工具见表 3-2。

设备及工具清点表　　　　表 3-2

名称	数量	清点
MCL 系列教学实验台主控制屏	1	□清点
MCL-18 组件	1	□清点
MCL-33(A)组件	1	□清点
可调电阻器	1	□清点
变压器	1	□清点

续上表

名称	数量	清点
数字式万用表	1	□清点
双踪示波器	1	□清点

(二) 实施步骤

1. 检查晶闸管的脉冲

按图 3-13 接线,未上主电源之前,检查晶闸管的脉冲是否正常。

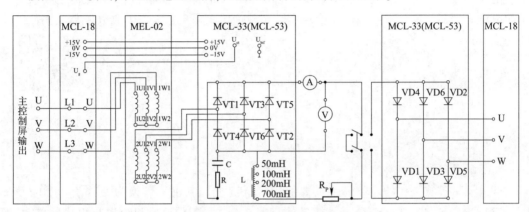

图 3-13 三相桥式有源逆变电路

(1) 打开 MCL-18 电源开关,给定电压有电压显示。

(2) 用示波器观察 MCL-33(或 MCL-53,以下同)的双脉冲观察孔,应有间隔均匀、相互间隔 60°幅度相同的双脉冲。

(3) 检查相序,用示波器观察"1""2"单脉冲观察孔,"1"脉冲超前"2"脉冲 60°,则相序正确,否则,应调整输入电源。

(4) 用示波器观察每只晶闸管的控制极、阴极,应有幅度为 1~2V 的脉冲。注:将面板上的 U_{blf}(当三相桥式全控变流电路使用 I 组桥晶闸管 VT_1~VT_6 时)搭铁,将 I 组桥式触发脉冲的 6 个开关均拨到"接通"。

(5) 将给定器输出 U_g 接至 MCL-33 面板的 U_{ct} 端,调节便宜电压 U_b,在 $U_{ct}=0$ 时,使 $α=150°$。

2. 三相桥式有源逆变电路

断开电源开关后,将 S 拨向右边的不控整流桥,调节 U_{ct},使 α 仍为 150°左右。

三相调压器逆时针调到底,合上主电源,调节主控制屏输出电压 U_{uv}、U_{uw}、U_{wu},从 0V 调至 220V 合上电源开关。

调节 U_{ct},观察 $α=90°、120°、150°$时,电路中 U_d、U_{VT} 的波形,并记录相应的 U_d、U_2 数值。

3. 电路拟故障现观察

在整流状态时,断开一晶闸管元件的触发脉冲开关,则该元件无触发脉冲(即该支路不能导通),观察并记录此时的 U_d 波形。说明:如采用的组件为 MCL-53 或 MCL-33(A),则触发电路是 KJ004 集成电路。

任务3 稳压电路应用与检测

📝 任务描述

DC/DC 转换器是一种将 DC(直流)转换为 DC(直流)的元件,具体是指利用 DC(直流)转换电压的元件。IC(集成电路)等电子元件各自的工作电压范围不同,因此需要转换为相应的电压。生成电压低于初始电压的转换器被称为"降压转换器",生成电压高于初始电压的转换器被称为"升压转换器"。

DC/DC 转换器的工作原理及实车应用

一、知识准备

(一)稳压器概述

1. 稳压器的定义

插入插座进行工作的电气产品需要使用将 AC(交流)100V 转换为 DC(直流)的"AC/DC 转换器"。这是因为大部分半导体部件只能在 DC 下工作。整机电路板上搭载的 IC 等具有各自固有的工作电压范围,对电压精度要求也不同,通过电压不稳的电源等供电会导致误动作或特性劣化等异常。稳压器的应用场合如图 3-14 所示。

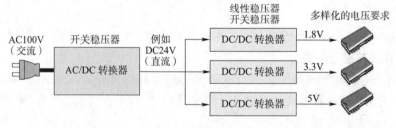

图 3-14 稳压器的应用场合

通过 DC/DC 转换器实现电压稳定的装置称为电压稳压器。不同电压转换的转换器见表 3-3。

不同电压转换的转换器　　表 3-3

电压转换电源装置	电压转换器	电压转换电源装置	电压转换器
降低电压的电源装置	降压转换器、Buck 转换器、Step-down 转换器	升降电压的电源装置	升降压转换器、Buck-Boost 转换器
提高电压的电源装置	升压转换器、Boost 转换器、Step-up 转换器	生成负电压的电源装置	负电压转换器、反转转换器、逆变转换器

> **思政教育**
>
> DC/DC 转换器在进行转换之后,还要形成稳定的电压才能保证用电设备处于良好的工作状态。对于一个学生而言,我们要保证有较高的学习效率,同时也需要有一个稳定的学习环境和稳定的情绪。当今社会处于快速发展阶段,也存在一些不确定的因素,我们首先应该让自己有一个稳定的情绪,定下心来学习,不要过多受外界因素的左右,这样才不会在焦虑中患得患失。

2. 电源 IC(集成电路)种类

电源 IC 大致分为线性稳压器和开关稳压器两种。而且,开关稳压器的整流方式分为同步整流和非同步整流(二极管整流)。电源 IC 种类、输出形式及整流方式如图 3-15 所示。

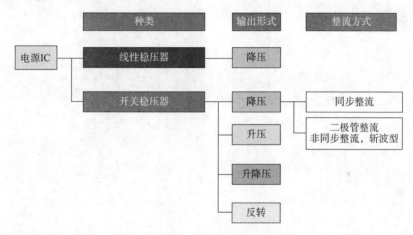

图 3-15 电源 IC 种类、输出形式及整流方式

3. 线性稳压器的工作原理

线性稳压器因工作时输入与输出的关系呈线形,故得名"线性稳压器",同时因其输入与输出间串联有控制元件,有时也被称为"串联稳压器"。线性稳压器的工作过程如图 3-16 所示。

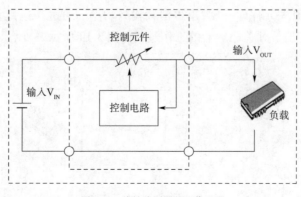

图 3-16 线性稳压器的工作过程

线性稳压器通过控制元件降压,因此输入与输出的电压差(降压程度)越大,损耗就越大,效率也越低。因此适用于小功率的电源。

线性稳压器基本上由 V_{IN}(输入)、V_O(输出)、GND(搭铁)三个引脚构成。在输出可变的线性稳压器上添加了用于反馈输出电压的 FB(反馈引脚)。电压固定型稳压器与电压可变型稳压器的关系如图 3-17 所示。

线性稳压器的内部电路如图 3-18 所示。

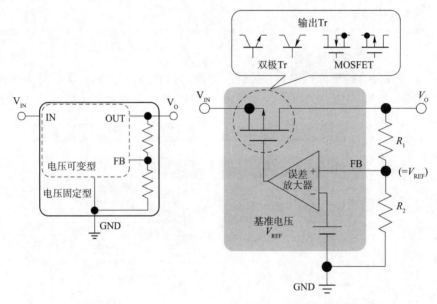

图 3-17　电压固定型稳压器与电压可变型稳压器的关系图

图 3-18　线性稳压器的内部电路

线性稳压器工作原理与反相放大电路相同,误差放大器的非反相引脚(FB)电压与基准电压(V_{REF})相同,因此输出电压值(V_O)由两个电阻(R_1 和 R_2)的阻值比决定:$V_O = [(R_1 + R_2)/R_2] \cdot V_{REF}$,图 3-16 中输出晶体管为 MOSFET,也有些晶体管使用双极晶体管。

4. 开关稳压器的工作原理

接通开关元件(MOSFET),从输入端向输出端供电,直至输出电压达到所需电压。输出电压达到规定值后,开关元件即关闭,不再消耗输入功率。通过高速重复这一动作,从而将输出电压调节到规定值。开关稳压器的工作过程如图 3-19 所示。

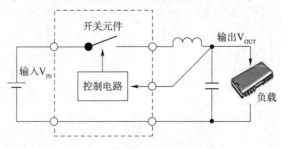

图 3-19　开关稳压器的工作过程

具体来讲,开关元件的开关动作随输入电压与输出电压的变化关系如图 3-20 所示。

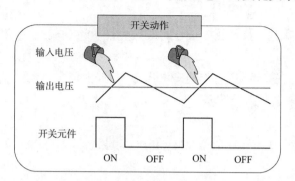

图 3-20　开关元件的开关动作随输入电压与输出电压的变化关系图

(二)稳压二极管

1. 稳压二极管定义

稳压二极管(Zener Diode,少数情况下简称为 Z 型二极管)根据物理学家 C. M. Zener 的名字而命名,也称齐纳二极管,是一种硅材料制成的面接触型晶体二极管。稳压二极管的示意图及实物图如图 3-21 所示。

2. 稳压二极管功能

稳压二极管作为电压限制元件具有非常重要的地位,稳压二极管的正向特性和普通二极管相近,当反向电压达到反向击穿电压时,稳压二极管两端电压基本恒定在击穿电压左右,而流过稳压二极管的反向电流可在很大范围内变化。稳压二极管的工作特性如图 3-22 所示。

由稳压二极管和限流电阻组成的稳压电路是最简单的稳压电路。简单的稳压电路如图 3-23 所示。

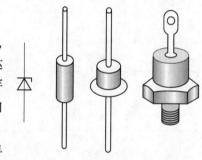

图 3-21　稳压二极管的示意图及实物图

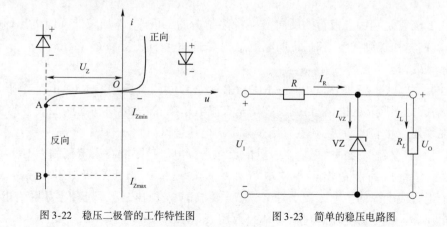

图 3-22　稳压二极管的工作特性图　　图 3-23　简单的稳压电路图

3. 稳压二极管主要参数

(1)稳定电压 U_z:在规定电流下稳压二极管的反向击穿电压。

(2)稳定电流 I_z：指工作电压等于 U_z 时的工作电流，常常将 I_z 记作 I_{zmin}，电流低于此值时稳压效果不好。

(3)最大稳定电流 I_{max}：指稳压二极管的最大允许工作电流，在使用时，实际电流不能超过此值。

(4)额定功率 P_{zm}：等于稳压管的稳定电压 U_z 与最大稳定电流 P_{zm} 之乘积。稳压管的功耗超过此值时，会因结温升高而损坏。

二、任务实施——稳压二极管的检测

(一)工作准备

(1)防护装备：常规实训着装。
(2)实施器材：可调直流电源、数字式万用表(或电压表)、定额电阻。
(3)辅助材料：无
所需要设备及工具见表3-4。

设备及工具清点表　　　　　　　　　　　　　　　　表3-4

名称	数量	清点
可调直流电源	1	□清点
数字式万用表	1	□清点
定额电阻	1	□清点

(二)实施步骤

1. 工作任务

稳压二极管是利用二极管的反向击穿特性制造的二极管，外加较低反向电压时呈截止状态，当反向电压加到一定值时，反向电流急剧增加，呈反向击穿状态。

2. 测试方法

搭建检测电路，将稳压二极管(RD3.6E 型)与可调直流电源(3～10V)、限流电阻(220Ω)搭成如图所示的电路，将万用表调至直流电压挡，黑表笔搭在稳压二极管的正极，红表笔搭在稳压二极管的负极，观察万用表显示的电压值。

根据稳压二极管的特性，稳压二极管的反向击穿电流被限制在一定范围内时不会损坏。根据电路需要，厂商制造出了不同电流和不同稳压值的稳压二极管，如图 3-24 中的 RD3.6E，当直流电源输出电压较小时(<稳压值 3.6V)，稳压二极管截止，万用表指示值等于电源电压值。当电源电压超过 3.6V 时，万用表指示为 3.6V。

3. 现场 7S 管理

能够说出现场 7S 管理理念，并在实践过程中按要求执行。

项目三 新能源汽车典型电子电路应用与检测

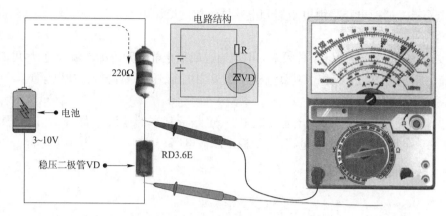

图 3-24　稳压二极管检测连接图

任务 4　滤波电路应用与检测

📝 任务描述

滤波是将脉动的直流电压变为平滑的直流电压。滤波电路利用电抗性元件对交、直流阻抗的不同,实现滤波。电容器 C 对直流开路,对交流阻抗小,所以 C 应该并联在负载两端。电感器 L 对直流阻抗小,对交流阻抗大,因此 L 应与负载串联。

一、知识准备

(一)滤波电路概述

1. 滤波电路的定义

为获得比较理想的直流电压,需要利用具有储能作用的电抗性元件(如电容、电感)组成的滤波电路,来滤除整流电路输出电压中的脉动成分,以获得直流电压。滤波电路是指利用储能元件电容两端的电压(或通过电感中的电流)不能突变的特性,滤掉整流电路输出电压中的交流成分,保留其直流成分,达到平滑输出电压波形的目的。只允许一定频率范围内的信号成分正常通过,而阻止另一部分频率成分通过的电路,称为滤波电路,如图 3-25 所示。

2. 滤波电路的组成

滤波电路根据其自身的类型可由不同的电子元件组成,包括电容器、电感和电阻器等,滤波电路的组成对于其滤波特性具有重要影响。如 RC 滤波电路是由电阻器和电容器组成

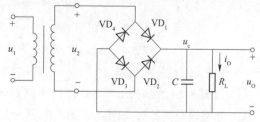

图 3-25　常见滤波电路图

79

的滤波电路,RL 滤波电路是由电阻器和电感器组成的滤波电路。

3. 滤波电路的作用

滤波电路的基本作用是让某种频率的电流通过或阻止某种频率的电流通过,尽可能减小脉动的直流电压中的交流成分,保留其直流成分,使输出电压纹波系数降低,波形变得比较平滑。

4. 滤波电路的分类

滤波电路主要有下列几种:电容滤波电路,这是最基本的滤波电路;π 型 RC 滤波电路;π 型 LC 滤波电路;电子滤波器电路;电子稳压滤波电路。

(二) 滤波电路的原理

1. 电容滤波原理

由于单向脉动性直流电压可分解成交流和直流两部分。在电源电路的滤波电路中,利用电容器"隔直通交"的特性和储能特性,或者利用电感"隔交通直"的特性可以滤除电压中的交流成分,如图 3-26 所示。

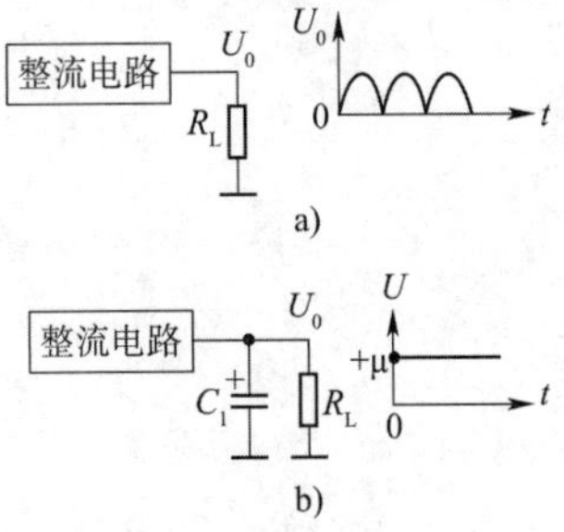

图 3-26a)为整流电路的输出电路。交流电压经整流电路之后输出的是单向脉动性直流电,即电路中的 U_0。

图 3-26b)为电容滤波电路。由于电容 C_1 对直流电相当于开路,这样整流电路输出的直流电压不能通过 C_1 到地,只有加到负载 R_L 上。对于整流电路输出的交流成分,因 C_1 容量较大,容抗较小,交流成分通过 C_1 流到地端,而不能加到负载 R_L。这样,通过电容 C_1 的滤波,从单向脉动性直流电中取出了所需要的直流电压 $+U$。

图 3-26 电容滤波原理图

2. 电感滤波原理

如图 3-27 所示为电感滤波原理图。由于电感 L_1 对直流电相当于通路,这样整流电路输出的直流电压直接加到负载 R_L 上。

3. π 型 RC 滤波电路

如图 3-28 所示为 π 型 RC 滤波电路。电路中的 C_1、C_2 和 C_3 是 3 只滤波电容,R_1 和 R_2 是滤波电阻,C_1、R_1 和 C_2 构成第一节 π 型的 RC 滤波电路,C_2、R_2 和 C_3 构成第二节 π 型 RC 滤波电路。由于这种滤波电路的形式如同希腊字母 π 和采用了电阻器、电容器,所以称为 π 型 RC 滤波电路。

图 3-27 电感滤波原理图　　图 3-28 π 型 RC 滤波电路原理图

4. π 型 LC 滤波电路

如图 3-29 所示为 π 型 LC 滤波电路。π 型 LC 滤波电路与 π 型 RC 滤波电路基本相同。这一电路只是将滤波电阻换成滤波电感,因为滤波电阻对直流电和交流电存在相同的电阻,而滤波电感对交流电感抗大,对直流电的电阻小,这样既能提高滤波效果,又不会降低直流输出电压。

在图 3-29 的电路中,整流电路输出的单向脉动性直流电压先经电容 C_1 滤波,去掉大部分交流成分,然后再加到 L_1 和 C_2 滤波电路中。

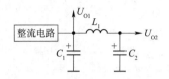

图 3-29　π 型 LC 滤波电路原理图

对于交流成分而言,L_1 对它的感抗很大,这样在 L_1 上的交流电压降大,加到负载上的交流成分小。

对直流电而言,由于 L_1 不呈现感抗,相当于通路,同时滤波电感采用的线径较粗,直流电阻很小,这样对直流电压基本上没有电压降,所以直流输出电压比较高,这是采用电感滤波器的主要优点。

5. 电子滤波器

如图 3-30 所示为电子滤波器。电路中的 VT_1 是三极管,起到滤波管作用,C_1 是 VT_1 的基极滤波电容,R_1 是 VT_1 的基极偏置电阻,R_L 是这一滤波电路的负载,C_2 是输出电压的滤波电容。

6. 电子稳压滤波电路

如图 3-31 所示为另一种电子稳压滤波器,与前一种电路相比,在 VT_1 基极与地端之间接入了稳压二极管 VD_1。

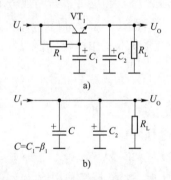

图 3-30　电子滤波器电路原理图

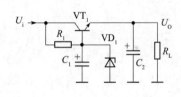

图 3-31　电子稳压滤波电路原理图

> **思政教育**
>
> 滤波电路有很多种,电容、电感都可以进行滤波,在选择什么样的滤波元件和滤波设备时,我们既要考虑原始输出波形的特性,同时又要根据实际用途来选择滤波电路。读大学期间,我们有很多的自由时间,如何利用这些时间,要根据自身的兴趣和目标进行安排,无须盲目随大流,更不能受一些不良思想的影响而让自己在大学中得过且过。

二、任务实施——整车控制系统(VCU)执行器检修

(一)工作准备

(1)防护装备:绝缘鞋、绝缘帽、绝缘手套、护目镜。

(2)实施器材:数字式万用表、解码器、放电工装。
(3)辅助材料:叶子板护垫三件套、汽车内饰护套。
所需要设备及工具见表3-5。

设备及工具清点表　　　　　　　　　　　　表3-5

名称	数量	清点
实训车辆	1	□清点
解码器	1	□清点
数字式万用表	1	□清点
放电工装	1	□清点

(二)实施步骤

1. 工作任务

作为新能源汽车4S店一名车辆维修人员,某维修车辆出现电机冷却液温度过高、蓄电池电压过低的故障,请你对这些故障进行排查和修复。一辆新能源汽车行驶几百米后,驱动电机功率限制灯和驱动电机过热灯亮,动力不足。经过维修人员检测,输出故障码为"P1C1352—电机水泵继电器故障",判断为电机冷却水泵不工作导致,需要对电机冷却水泵控制电路进行检修。

2. 待维修车辆认知

(1)能够根据故障现象,对电机冷却水泵控制电路进行检测。
(2)能够根据故障现象,对DC/DC控制电路进行检测。

3. 数字式万用表认知

(1)根据实训室的配备,认识数字式万用表的外观、型号、规格和用途。
(2)根据实训室的条件,运用数字式万用表,进行负载(如:灯泡、电动机等)电压、电流、电阻的测量。

4. 现场7S管理

能够说出现场7S管理理念,并在实践过程中按要求执行。

 任务5　斩波电路应用与检测

📝 任务描述

斩波电路是将动力蓄电池中的高压直流电转换成新能源汽车各部分所需要的不同电压直流电的电路,在这种情况下输入与输出之间不隔离,斩波器应用于电动汽车等直流牵引调速控制系统中。

一、知识准备

（一）斩波电路概述

1. 斩波电路的定义

斩波电路原来是指在电力运用中，出于某种需要，将正弦波的一部分"斩掉"（例如在电压为 50V 的时候，用电子元件使后面的 50~0V 部分截止，输出电压为 0）。后来借用到 DC-DC 开关电源中，主要是在开关电源调压过程中，原来一条直线的电源，被线路"斩"成了一块一块的脉冲。直流斩波电路是一种将电压恒定的直流电变换为电压可调的直流电的电力电子变流装置，也称直流变换器（DC/DC Converter），如图 3-32 所示。

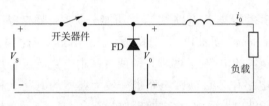

图 3-32　斩波电路图

用斩波器实现直流变换的基本思想是通过对电力电子开关器件的快速通、断控制，把恒定的直流电压或电流斩切成一系列的脉冲电压或电流，在一定滤波的条件下，在负载上获得平均值可小于或大于电源的电压或电流。如果改变开关器件通、断的动作频率，或改变开关器件通、断的时间比例，就可以改变这一脉冲序列的脉冲宽度，以实现输出电压、电流平均值的调节。

2. 电路的组成

斩波电路被称为直流到直流转换器。类似于交流电路的变压器，斩波器用于升高和降低直流电源。它们将固定的直流电源更改为可变的直流电源，可以将提供给设备的直流电调节到所需的量。斩波电路由半导体二极管、电阻器和负载组成。对于所有类型的斩波电路，输出电压值都通过周期性闭合和断开电路中使用的开关来控制。斩波器可以看作是一个 ON/OFF 开关，可以快速接通或断开电源与负载的连接。连续直流作为斩波器的源，以 V_s 给出，斩波的 DC 在整个负载中以 V_0 的形式获得。斩波电路的输出电压和电流波形如图 3-33 所示。

从电压波形可以看出，在 t_{ON} 期间，负载电压 V_0 等于电源电压 V_s。但是，当出现间隔 t_{OFF} 时，直流电压下降到零，从而使负载短路。

在电流波形中可以看出，在时间间隔 t_{ON} 期间，负载电流上升到最大值。在间隔 t_{OFF} 期间，负载电流衰减。在 t_{OFF} 条件下，斩波器关闭，因此负载电压变为零。但是负载电流流经二极管 FD，使负载短路。

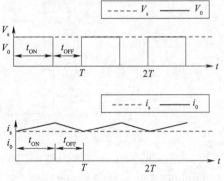

图 3-33　斩波电路输出电压和电流波形图

因此，在负载处产生了斩波的 DC 电压。电流波形是连续的，在 t_{ON} 状态期间上升，而在 t_{OFF} 状态期间衰减。

思政教育

斩波电路能够实现电压、电流的调节，还能实现节能控制和降压、升压及逆变，作用很多，适应性很强。作为新时期的大学生，既要努力成为一名专业型人才，更要让自己成为一个复合型人才。在汽车产业转型期，我们既要学习传统的燃油汽车知识，同时也要下功夫学习新能源汽车和智能网联汽车相关知识，只有不断更新自己的知识体系，才能不断适应同一产业下不断更新的技术岗位。

3. 斩波电路的分类

斩波电路的种类较多，根据其电路结构及功能分类，主要有以下 4 种基本类型：降压(Buck)斩波电路、升压(Boost)斩波电路、升降压(Buck-Boost)斩波电路、丘克(Cuk)斩波电路。其中，前两种是最基本的电路，后两种是前两种基本电路的组合形式。由基本斩波电路衍生出来的 Sepic 斩波电路和 Zeta 斩波电路也是较为典型的电路。利用基本斩波电路进行组合，还可以构成复合斩波电路和多相多重斩波电路。

4. 斩波电路的工作原理

(1) 降压斩波电路。

降压斩波器，其输出平均电压 U_o 小于输入电压 U_i，输出电压与输入电压极性相同，即为直流降压电路。降压电路结构为抑制输出电压脉动，如图 3-34 所示。在基本原理电路中加入滤波电容 C；限制开关管 VD 导通时的电流应力，将缓冲电感串入开关管 VD 的支路中；为了避免开关管 VD 关断时缓冲电感中电流的突变，加入续流二极管 D。

直流斩波电路简单，是使用广泛的直流变换电路。开关管 VD 把输入的 U_i 斩成方波输出到 R 上，如图 3-35 所示斩波后的输出波形，方波的周期为 T，在 VD 导通时输出电压等于 U_d，导通时间为 t_{on}，在 VD 关断时输出电压等于 0，关断时间为 t_{off}，占空比 $D = t_{on}/T$，方波电压的平均值与占空比成正比。

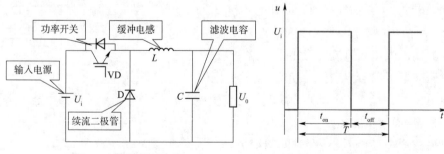

图 3-34 直流降压电路组成图　　　　图 3-35 斩波后的输出波形图

如图 3-36 所示连续输出波形，其平均电压如蓝线所示。改变脉冲宽度即可改变输出电压，在时间 t_1 前脉冲较宽、间隔窄，平均电压(U_{o1})较高；在时间 t_1 后脉冲变窄，平均电压

(U_{o2})降低。固定方波周期 T 不变,改变占空比调节输出电压就是 PWM 法,也称为定频调宽法。由于输出电压比输入电压低,称为降压斩波电路或 Buck 变换器。

方波脉冲不能算直流电源,实际使用时要加上滤波电路,如图 3-37 所示为加有 LC 滤波的电路,L 是滤波电感,C 是滤波电容,D 是续流二极管。当 VD 导通时,L 与 C 蓄能,向负载 R 输电;当 VD 关断时,C 向负载 R 输电,L 通过 D 向负载 R 输电。输出方波选用的频率较高,一般是数千赫兹至几十千赫兹,故电感体积很小,输出波纹也不大。电路输出电压 $U_o = DU_i$,D 是占空比,值为 0~1。

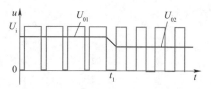

图 3-36 斩波后的连续输出波形图

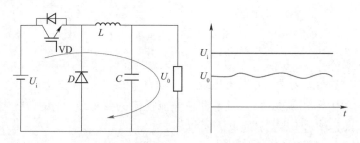

图 3-37 有 LC 滤波的斩波电路图与输出波形图

(2)升压斩波电路。

升压斩波器,其输出平均电压 U_o 大于输入电压 U_i,输出电压与输入电压极性相同。Boost 型升压变换器称为并联开关变换器,由功率开关、二极管、储能电感、输出滤波电容等组成,如图 3-38 所示。

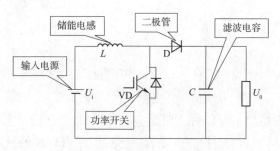

图 3-38 直流升压电路组成图

通过电感元件还可组成升压斩波电路,如图 3-39 所示。当开关管 V 导通时,电流通过电感 L 时会在 L 中存储能量,此时负载上的电压由 C 提供,当开关管 V 关断时,电感 L 释放能量,输出电压为输入电压 U_d 与 L 产生的电压相加,故提高了输入电压。该电路称为升压斩波电路或 Boost 变换器,输出电压 $U_o = U_i/(1-D)$,D 是占空比,值必须小于 1。

(二)斩波电路在新能源汽车上的应用

电力电子技术是指对大功率电能进行变换和转换的技术,例如将用到功率半导体,如二极管、MOSFET 和 IGBT。电子电力技术主要应用于汽车驱动技术领域,也是新能源汽车电动驱动技术的使用方案。

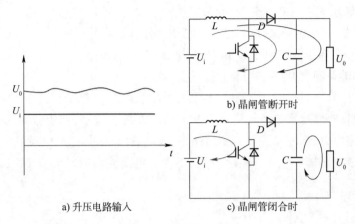

a) 升压电路输入　　　　b) 晶闸管断开时

　　　　　　　　　　　c) 晶闸管闭合时

图 3-39　升压斩波电路图

1. 单象限斩波器

利用脉宽调制直流斩波器，可以将恒定直流电压转变为可变直流电压。如果直流电压在一个量程内设置为零到最大值，并且不存在电流换向的要求或可能，则使用单象限斩波器（单 IGBT 电路）即足够，但无法实现电能回收。

IGBT 为绝缘栅双极型晶体管，是由 BJT（双极型晶体管）和 MOS（绝缘栅型场效应管）组成的复合全控型电压驱动式功率半导体器件，兼有 MOSFET 的高输入阻抗和 BJT 的低导通压降两方面优点。IGBT 有集电极 C、栅极 G、发射极 E 三个电极，如图 3-40 所示。

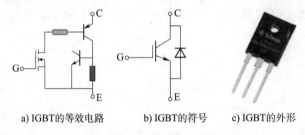

a) IGBT的等效电路　　b) IGBT的符号　　c) IGBT的外形

图 3-40　IGBT 的等效电路

IGBT 作为开关，栅极加正电压时，CE 导通；栅极加负电压时，CE 截止。正负电压的幅值需足够的大，以使集电极和发射极充分导通，避免 IGBT 有较大的压降。IGBT 具有高输入阻抗和低导通压降的优点，常常用于大功率高频率电路的开关控制，例如直流斩波电路和逆变电路，如图 3-41 所示。

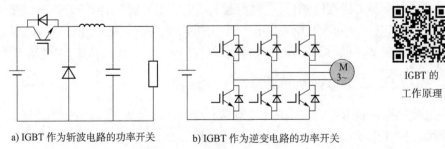

a) IGBT 作为斩波电路的功率开关　　b) IGBT 作为逆变电路的功率开关

图 3-41　IGBT 的开关作用

IGBT 的
工作原理

单象限斩波器相当于可以在特定时间点开启和关闭的开关,如图 3-42 所示。电压均值用于衡量调制程度。

单象限斩波器只能在一个象限工作,如图 3-43 所示,即无法改变电流和电压方向,连接的直流电机只能以一个方向旋转,无法实现旋转方向改变或电机制动。

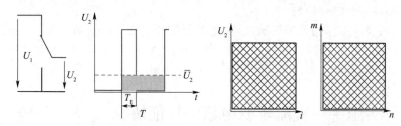

图 3-42 单象限斩波器示意图　　图 3-43 单象限斩波器象限图

2. 四象限直流斩波器

将阀门组排列为桥接电路配置,可以实现多象限直流斩波器。在此模式下,可以执行电流和电压同时换向。在电阻电感性负载情况下,可以生产正负电压。仅当负载电路存在馈送电源时可以实现能量反馈。

四象限斩波器在行业中用作直流电机执行器。可通过电子脉冲对直流电机实现几乎无损耗的控制。四象限斩波器相当于四个以预定时间开启和关闭的开关,如图 3-44 所示。

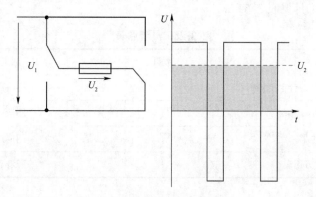

图 3-44 四象限斩波器示意图

按照式(3-1)确定负载电路上的电压:

$$U_{m2} = \left(2\frac{T_E}{T} - 1\right)U_D = (2f_p T_E - 1)U_D \tag{3-1}$$

式中:U_{m2}——负载上的平均电压;

　　T_E——不通电的时间;

　　U_D——二极管两端的电压;

　　f_p——频率。

周期与开启时间之间的关系称为占空比。同时,占空比在 0~1 之间,也可以指定为百分比。

对于混合负载,通常电流的出现和消失具有一定指数函数特性。在足够强度平滑化或高脉冲频率下,电流呈现三角形。可以按照式(3-2)计算电流波动宽度和电流变化(Δi)。

$$\Delta i_2 = 2\alpha \frac{U_D}{L} T_E \left(1 - \frac{T_E}{T}\right) \qquad (3-2)$$

式中,$\alpha = 0.5$ 对于单象限模式,$\alpha = 1$ 对于多象限模式,四重 FET 电路允许电压和电流换向以及两个方向的能量流动。

对于四象限模式工作的无损耗斩波器,电源分接和负载消耗的功率为:

$$P = U_D I_{m2} \left(2\frac{T_E}{T} - 1\right) \qquad (3-3)$$

二、任务实施——直流斩波电路的性能研究

(一)工作准备

(1)防护装备:常规实训着装。

(2)实施器材:电力电子教学试验台主控制屏、现代电力电子及直流脉宽调速组件(NMCL-22)、示波器、数字式万用表等。

(3)辅助材料:无。

所需要设备及工具见表3-6。

设备及工具清点表　　　　　　　　　　　　表3-6

名称	数量	清点
电力电子教学试验台主控制屏	1	□清点
现代电力电子及直流脉宽调速组件(NMCL-22)	1	□清点
示波器	1	□清点
数字式万用表	1	□清点

(二)实施步骤

1. 工作任务

熟悉六种斩波电路(Buck Chopper、Boost Chopper、Buck-Boost Chopper、Cuk Chopper、Sepic Chopper、Zeta Chopper)的工作原理,掌握这六种斩波电路的工作状态及波形情况。完成 SG3525 芯片性能测试,对六种不同的斩波电路进行连接,对斩波电路的波形进行观察及测试电压。

2. 六种斩波电路名称

①Buck Chopper;②Boost Chopper;③Buck-Boost Chopper;④Cuk Chopper;⑤Sepic Chopper;⑥Zeta Chopper。

3. 六种斩波电路实验电路

六种斩波电路实验电路如图 3-45 所示。

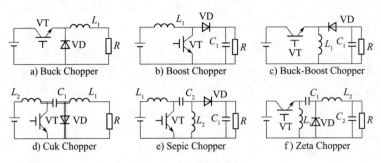

图 3-45 六种斩波实验电路

4. 现场 7S 管理

能够说出现场 7S 管理理念,并在实践过程中按要求执行。

习题

一、填空题

1. 由于汽车各个系统对数据的传输速率不同,汽车上常用的总线分为_____、_____两大类。
2. 电动汽车的车载能源系统主要由_____、_____、_____等组成。
3. 电动汽车能量回馈制动时会采用_____回馈方式。
4. 直流斩波电路主要工作方式是脉宽调制(PWM)工作方式,基本原理是通过开关管把直流电斩成方波(脉冲波),通过调节方波的_____来改变电压。
5. 逆变器功率器件的六种导通组合状态产生六个定子磁势,每两个相差_____度。

二、判断题

1. DC/DC 变换器需要将动力蓄电池电压,逆变、变压、整流、滤波转变为 14V 直流电。( )
2. PWM 整流电路采用脉冲宽度调制控制,能够实现电能双向变换。( )
3. 整流电路是利用二极管的单向导电性将交流电转换成脉动直流电的电路。( )
4. 绝缘栅双极型晶体管(IGBT)综合了 GTR 和 MOSFET 的优点,因而具有低导通压降和高输入阻抗的综合优点。( )
5. 晶闸管交流调压电路与调压变压器相比,具有体积小、质量轻、效率高和成本低等优点,是调压变压器的理想替代产品之一。( )
6. 旋转变压器简称旋变,是一种输出电压随转子转角变化的器件。( )

三、选择题

1. 功率 MOSFET 指的是( )。
   A. 功率二极管　　　　　　　　　　B. 功率场效应晶体管
   C. 绝缘栅双极型晶体管　　　　　　D. 大功率晶体管
2. DC/DC 变换器也称为( )。
   A. 直流斩波器　　B. 整流器　　C. 逆变器　　D. 变压器

3. 闭合电路的一部分导体在磁场中做切割磁感线的运动时,导体中就会产生电流,这种现象叫(　　)。

　　A. 互感现象　　　　B. 磁滞现象　　　　C. 磁化现象　　　　D. 电磁感应现象

4. 把晶闸管反并联后串入交流电路中,代替电路中的机械开关,起接通和断开电路的作用,这就是(　　)。

　　A. 交流电力电子开关　　　　　　B. 机械开关

　　C. 电气开关　　　　　　　　　　D. 电磁开关

5. 下面哪种陈述正确?(　　)

　　A. 三相电网的线电压与相电压相等　　　　B. 三相电网的线电压比相电压大3倍

　　C. 三相电网的线电压比相电压大$\sqrt{3}$倍　　D. 三相电网的线电压比相电压小3倍

项目四
新能源汽车典型电压转换电路检测

知识目标

(1) 了解 DC-DC、AC-DC、DC-AC 三种变换电路在新能源汽车上的使用场景。
(2) 熟悉 DC-DC、AC-DC、DC-AC 三种变换电路的结构特点及工作原理。
(3) 熟悉车载充电机的特点、功能、充电方式及充电原理。
(4) 熟悉驱动电机的分类、特点及工作原理。
(5) 熟悉逆变器的组成与工作原理。

技能目标

(1) 能够熟练使用车辆维修手册,查询理解故障码含义,正确使用相关工具进行 DC-DC 变换电路的常规检查和电路检测。
(2) 能够熟练使用车辆维修手册,查询理解充电系统电路图原理,正确使用相关工具进行 AC-DC 变换电路的常规检查和电路检测。
(3) 能够熟练使用车辆维修手册,正确使用诊断仪读取并分析数据流,制订合理的维修计划,正确使用相关工具进行 DC-AC 变换电路的常规检查和电路检测。

素养目标

(1) 能够制订工作计划,独立完成工作学习任务。
(2) 能够在工作过程中,与小组其他成员合作、交流并进行学习任务分工,具备团队合作和安全操作意识。
(3) 养成服从管理、依据企业 7S 管理模式规范作业的良好工作习惯。
(4) 培养安全工作的意识和习惯。

▶学时:12 学时

任务1　DC-DC 变换电路检测

任务描述

DC-DC 变换电路是新能源汽车上重要的电能转换装置,是车上大量的电子元件和控制系统正常工作的前提,维修技术人员要理解 DC-DC 变换电路的基本知识,更要能够规范使用新能源汽车维修工具及检测设备进行参数测量,通过正确地分析测得的参数,完成各类故障的诊断与排除。

一、知识准备

(一) DC-DC 变换电路概述

新能源汽车一般拥有两套电源系统:一套是为车辆电驱动系统供电的高电压系统,另一套是为车上大量的电子元件和控制系统供电的低电压系统。传统汽车的低电压供电主要是来自由内燃机驱动的发电机提供电能的蓄电池,而纯电动汽车不再搭载内燃机,取而代之的是可充电动力蓄电池,来为整车提供高压电,作为维持车辆正常工作运行的能量源。动力蓄电池输出的是高于 200V 的直流高压电,而汽车的车身用电设备使用的是 12V 直流低压电,这就需要一种装置来进行电压的降压转换,这种装置就是 DC-DC 转换器,又称直流电源转化模块。它是能够把一个直流电压值的电能转换成另一个直流电压值电能的装置,其作用是将高压电池的直流电压经过变换后为 12V 铅酸蓄电池进行充电,充电电压为 13.8～14.8V。DC-DC 转换器具有效率高、体积小、耐受恶劣工作环境等特点,如图 4-1 所示。

(二) 典型电动汽车 DC-DC 变换电路

不同车型,DC-DC 转换器的安装位置不同,有些采用独立的 DC-DC 转换器,有些集成在电机控制器内部,有些集成在动力电子单元(PEU)内部。下面介绍几种常见车型的 DC-DC 转换器。

1. 大众 ID.4 DC-DC 转换器

2021 款一汽大众 ID.4 纯电动汽车采用独立的 DC-DC 转换器,该 DC-DC 转换器位于前机舱下方,如图 4-2 所示。

2. 吉利 EV450 DC-DC 转换器

吉利 EV450 车型 DC-DC 转换器集成在电机控制器内部,低压蓄电池的正极和负极端子连接至电机控制器侧面的连接器上,通过这一安装特点,可以判断 DC-DC 转换器安装在电机控制器内部,如图 4-3 所示。

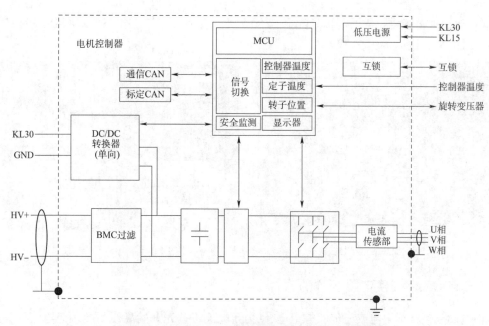

图 4-1 DC-DC 转换器结构原理图

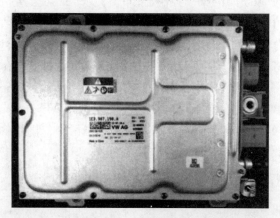

图 4-2 大众 ID.4 DC-DC 转换器(适用于后驱车辆)

图 4-3 电机控制器(内含 DC-DC 转换器)

3. 比亚迪 DC-DC 转换器

2020 款比亚迪秦 DC-DC 转换器安装在前机舱充配电总成内部,如图 4-4 所示,内部结构包括电感线圈、控制芯片、二极管、电容器、高压熔断丝等。充配电总成包括车载充电机

(OBC)、DC-DC 转换器、高压电源分配器，实际是"三合一"。比亚迪 e5 的 DC-DC 转换器安装在高压电控总成内部，如图 4-5 所示。

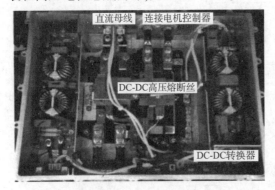

图 4-4 比亚迪秦充配电总成

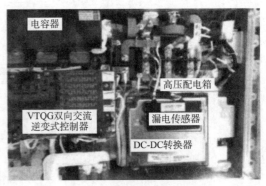

图 4-5 比亚迪 e5 高压电控总成

(三) DC-DC 变换电路工作原理

当电动车辆整车上电或充电唤醒上电，动力蓄电池将首先开始高压系统预充电流程，完成高压系统预充电流程后，被唤醒的整车控制器（VCU）发给 DC-DC 直流电源转化模块使能信号，接到使能信号后，DC-DC 直流电源转化模块开始启动工作，利用高压直流电变压后给低压蓄电池充电，并作为电源为车上大量的电子元件和控制系统供电。通常 DC-DC 转换器由滤波电路、变压电路、整流稳压电路和控制电路板等组成，还包含冷却器（通过冷却液）给电子功率器件散热。

DC-DC 转换器内部的 4 个 IGBT 分为两组，如图 4-6 所示。其中一组 IGBT 导通时，另一组 IGBT 截止，两组 IGBT 高频率地轮流导通截止，把输入的高压直流电转变成高频率的高压交流电，再经过变压器的降压转变成低压交流电，最后由两个二极管的整流和电容电感进一步滤波后形成稳定的低压直流电。

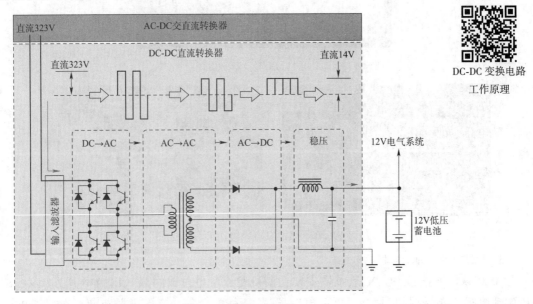

图 4-6 转换器工作原理

DC-DC 变换电路工作原理

思政教育

动力蓄电池的高压电无法直接变成车辆所需要的低压电,需要遵循变压的规律,通过复杂的中间转换过程才能完成。生活中,不论做什么事都要循序渐进,一味主观地求急图快,违背了客观规律,后果只能是欲速则不达。一个人只有摆脱了速成心理,一步一步地努力、循序渐进,才能实现理想,叩开成功的大门。

(四)DC-DC 变换电路检测

DC-DC 转换器作为直流转直流装置,常见故障体现在 DC-DC 转换器不工作上,因为其不工作将衍生出其他多项故障,所以对 DC-DC 转换器的故障诊断与维修就显得尤为重要。以比亚迪秦某款车型为例,通过通电前后蓄电池检查断定 DC-DC 转换器无法正常工作时,对故障进行检查应依照先易后难的顺序。

1. DC-DC 转换器的外观检查

目测检查 DC-DC 转换器外表面应正常,要求无裂纹、变形、破损,尤其应仔细检查 DC-DC 转换器的 12V 正极接线柱和负极接线柱螺钉是否紧固。

2. 绝缘电阻检测

断开蓄电池负极后,将绝缘电阻测试仪置于 500V 挡位,测量 DC-DC 转换器高压端子 DC + 、DC – 分别与外壳之间的绝缘电阻,标准值为不小于 10MΩ。

3. DC-DC 高压熔断器的检查

查询维修资料找到所维修车型的 DC-DC 高压熔断器位置,断开蓄电池负极,使用数字式万用表测量 DC-DC 高压熔断器的电阻值,如果电阻值为无穷大,说明 DC-DC 转换器相关电路存在短路现象,为此必须查明短路原因。

4. DC-DC 转换器低压供电检查

DC-DC 转换器常见低压线为供电端子、使能信号端子、搭铁端子。检测前先确认插件是否完好,插针是否退位,插件连接是否正常。

(1)检查 DC-DC 转换器的电源。

拔下低压插件,用数字式万用表直流电压挡测量供电端脚与蓄电池负极之间应有 12V 蓄电池电压,如无电压则检查前机舱熔断器盒 DC-DC 低压供电端熔断器是否烧坏,如熔断器正常则检查供电段熔断器与插件供电端端脚线路是否导通。

(2)检查 DC-DC 转换器的负极。

拔下低压插件,用数字式万用表电阻挡测量搭铁端端脚与车身搭铁之间是否导通,如不导通则排查线束与针脚退位。

(3)检查 DC-DC 转换器的使能信号。

拔下低压插件,用数字式万用表直流电压挡测量使能信号端脚与蓄电池负极之间应该有 12V 电压,如无电压则用数字式万用表电阻挡测量使能信号端脚与整车控制器对应端脚之间是否导通。

5. DC-DC 转换器故障码列表

当 DC-DC 转换器出现故障时,系统会存储相关故障码,表 4-1 为比亚迪秦某款车型 DC-DC 转换器故障码列表(部分)。

DC-DC 转换器故障码列表　　　　　　表 4-1

编号	故障码	描述	备注
1	P1EC000	降压时高压侧电压过高	保护值 600V
2	P1EC100	降压时高压侧电压过低	保护值 300V
3	P1EC200	降压时低压侧电压过高	保护值 16V
4	P1EC300	降压时低压侧电压过低	保护值 9V
5	P1EC400	降压时低压侧电流过高	保护值 160A
6	P1EE000	散热器过温	温度高于 85℃
7	P1EC700	降压时硬件故障	低压输出电压小于 13.4V,低压输出电流小于 20A

6. 故障码诊断方法

1) P1EC000:降压时高压侧电压过高

(1) 检查动力蓄电池电压。

①插上维修开关,置于 ON 挡。

②用诊断仪读取电池管理控制器发出的动力蓄电池电压,正常值为 450～550V。

(2) 检测高压母线电压。

①整车处于 OFF 挡,断开维修开关,等待 5min。

②打开驱动电机控制器上盖。

③插上维修开关,整车置于 ON 挡。

④测量高压母线电压。

母线正极和负极标准电压为 450～550V。如果正常,则检查高压配电盒及高压线路,如果不正常,则更换驱动电机控制器与 DC-DC 转换器总成。

2) P1EE000:散热器过温

(1) 检查冷却液。检查冷却液是否充足,如果不正常,则加注冷却液。

(2) 检查冷却液管路及水泵。检查冷却液管路是否顺畅、水泵是否工作正常。如果不正常,则疏通管路,更换水泵。如果正常,则更换驱动电机控制器与 DC-DC 转换器总成。

二、任务实施——DC-DC 变换电路检测

(一) 工作准备

(1) 防护装备:常规实训着装。

(2) 实施器材:实训车辆、数字式万用表、绝缘测试仪、专用诊断仪、维修手册等。所需要设备及工具见表 4-2。

项目四 新能源汽车典型电压转换电路检测

设备及工具清点表　　　　　　　　　　　　　　　　　　　表 4-2

名称	数量	清点
实训车辆	1	□清点
数字式万用表	1	□清点
绝缘测试仪	1	□清点
专用诊断仪	1	□清点
维修手册	1	□清点

(二) 实施步骤

1. 工作任务

车载供电设备是汽车电气设备正常工作运行的前提,由于车上大量的电子元件和控制系统都在使用 12V 电源,因此 DC-DC 转换器就是维持车辆正常工作运行的重要装置。作为新能源汽车机电维修技术人员,一定要掌握 DC-DC 变换电路的基本知识,能够辨识 DC-DC 变换电路的位置,了解其工作原理,并能够根据诊断故障码完成故障的诊断与排除。作为新能源汽车电气系统检修中重要的一项内容,请完成 DC-DC 变换电路的检测。

2. DC-DC 变换电路检测

(1) 根据实训室的配备,分小组辨识车辆上 DC-DC 转换器的安装位置并观察其规格、型号与相关参数等。

(2) 根据实训室的条件,运用相关电气检测设备,对 DC-DC 转换器进行故障的诊断与排除。

3. 现场 7S 管理

能够说出现场 7S 管理理念,并在实践过程中按要求执行。

任务 2　AC-DC 变换电路检测

📝**任务描述**

AC-DC 变换电路是新能源汽车上重要的电能转换装置,该装置是动力蓄电池能正常充电的前提。维修技术人员要理解 AC-DC 变换电路的基本知识和功能特点,更要能够规范使用新能源汽车维修工具及检测设备进行参数测量,通过正确分析测得的参数,完成各类故障的诊断与排除。

一、知识准备

(一) AC-DC 变换电路概述

电网向充电桩输入交流电,而新能源汽车动力蓄电池只能接受直流电进行充电,这就

图 4-7　车载充电机的外观与接线

需要一种装置来进行对充电电流类型的转换,这种装置就是 AC-DC 变换电路,又称为整流电路,完整而言,就是把交流电能转换为直流电能的电路,它常集成于车载充电机(OBC)中,作为车辆交流充电系统的重要组成部件。大多数整流电路由变压器、整流主电路和滤波器等组成。如图 4-7 所示为车载充电机的外观及接线。

> **思政教育**
>
> AC-DC 变换电路还能实现车辆的制动能量回收,当今世界正面临着严重的能源危机,常规化石能源也在日益危害着我们赖以生存的地球环境,新能源汽车的制动能量回收功能具有节能减排的重要意义。其实不光是能源的回收,生活中的一些垃圾也需要我们去回收利用,这样,既能实现资源的再利用,也能让我们的生活环境变得更加舒适和美好。

(二)新能源电动汽车车载充电机的特点

车载充电机是新能源汽车充电系统的关键部件之一。车载充电机相较于传统工业电源,具有效率高、体积小、耐受恶劣工作环境等优点。车载充电机具备以下特点:

(1)根据电池特性设计充电曲线,可以延长蓄电池的寿命。

(2)使用方便,维护简单,智能充电,无须人工值守。

(3)保护功能齐全,具有过电压、欠电压、过电流、过热、短路和输出反接等保护功能。

(4)直观性强,充电过程和故障采用指示灯,能一目了然掌握充电动态。

(5)采用高频开关技术,使得充电机效率高、体积小、质量轻。

(三)新能源电动汽车车载充电机的功能

(1)具备通过高速 CAN 网络与蓄电池管理系统通信的功能,可判断动力蓄电池连接状态是否正确;获得电池系统参数,以及充电前和充电过程中整组和单体蓄电池的实时数据。

(2)可通过高速 CAN 网络与车辆监控系统通信,上传充电机的工作状态、工作参数和故障警告信息,接收启动充电或停止充电控制命令。

(3)完备的安全防护措施。具备交流输入过电压保护功能、交流输入欠电压警告功能、交流输入过电流保护功能、直流输出过电流保护功能、直流输出短路保护功能。

(4)温度控制功能。当散热器温度低于 45℃时,风扇不转动,当散热器温度高于 45℃时,风扇开始转动,可以减小噪声和延长风扇寿命。整机温度保护为 65℃,当机内温度达到 65℃时,充电机停止工作,等待散热至低于 65℃后,自动恢复工作。

（四）车载充电机的充电方式

电池采用不同的充电方法，对电池寿命会有不同程度的影响，采用适当的充电方式对延长电池的使用寿命意义重大。常见的车载充电机充电方式有恒压充电、恒流充电、阶段性充电、脉冲充电等。

充电机的充电方式

1. 恒压充电

在整个充电过程中充电电压保持不变，充电电流随着充电时间的增加而逐渐减小，当充电电流小于一定值后停止充电，整个充电过程中能耗较小，能有效避免电池过充，控制简单，易于操作。

但往往待充电电池的初始电压值较小，导致充电初期的充电电流很大。过大的电流一方面会造成电池极化现象的发生，影响充电速度；另一方面造成电池温度迅速提升，严重时容易烧坏电池，酿成事故。所以在充电开始阶段，需要对充电电流值进行限制，让电池保持在一个可接受的电流范围内充电。

2. 恒流充电

开始时，以恒定的电流为动力蓄电池充电，将要充满时，改用恒定的小电流进行浮充充电，用来充足剩余电量和补偿电池自放电。当充电电压达到额定电压时，停止充电。恒流充电避免了恒压充电电流过大的问题，电流始终被限制在电池组可接受的范围内。

3. 阶段性充电

根据实际应用情况可以分为两阶段或者三阶段充电。

第一阶段为恒流充电：用大电流快速给电池充电，使电池的电压达到一定电压值；

第二阶段为恒压充电：用比恒流小点的电流继续对电池充电，降低电池的产气量；

第三阶段为浮充充电：以涓流给电池充电，确保电池能够充满，当控制系统检测充电电流小于一定设定值时，结束充电。

阶段性充电结合了恒压与恒流充电方式的优点，有利于减少电池的极化，避免了过充电和大电流充电冲击。目前，动力蓄电池充电大多采用阶段性充电。

4. 脉冲充电

恒压充电、恒流充电和阶段性充电的充电电压和电流是连续的，没有给电池足够的休息时间来消除极化现象。极化可以引起电池过热、析气等现象，限制充电速度，严重时影响电池寿命。

脉冲充电方式和正负脉冲充电方式采用不连续的充电电流，能有效地减少或消除极化现象的发生，加快充电速度和延长电池的使用寿命。

脉冲充电方式采用脉冲充电间歇为电池提供充足的休息时间，有利于电池内部的活性物充分反应，有效地减少和消除极化现象，并可以采用较大的电流充电，而不必担心电池过热，能有效提高充电效率、缩短充电时间、延长电池寿命。

正负脉冲充电方式是对脉冲充电方式的改进，整个充电过程中包括正脉冲充电、间歇休息和负脉冲放电。首先进行正脉冲充电，休息一段时间后，再对其进行短暂的负脉冲放电，对电池进行短暂的负脉冲放电能有效去除极化现象的发生，加快电池内部的电化学反应，降低电池温度,虽然损失了部分电能,但能够使电池以较高的充电电流充电,能有效加快充电速度和提高充电效率,延长电池寿命。

新能源汽车充电系统如图4-8所示。

(五)充电原理

充电信息在车载充电器、电池管理器和仪表之间传递,具体包括充电是否允许信息,车载充电器状态,充电电量、电流、时间,充电故障信息等。

充电流程如图4-9所示。整个充电过程归纳为六个阶段:物理连接完成、低压辅助上电、充电握手阶段、充电参数配置阶段、充电阶段和充电结束阶段。在各个阶段,充电机和电池管理系统(BMS)如果在规定的时间内没有收到对方报文或没有收到正确报文,即判定为超时。当出现超时后,BMS或车载充电机发送错误报文,并进入错误处理状态。在对故障处理的过程中,根据故障的类别,分别进行不同的处理。在充电结束阶段中,如果出现了故障,直接结束充电流程。

图4-8 新能源汽车充电系统

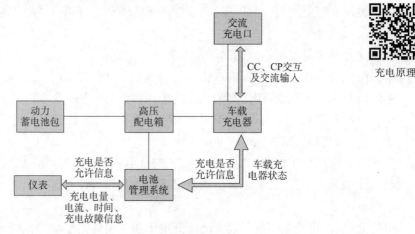

图4-9 充电原理示意图

(六)AC-DC变换电路(车载充电机)检测

作为充电系统的核心部件,AC-DC变换电路常见故障有系统不能充电、充电中途停止充电等,以比亚迪秦某款车型为例,对故障进行检查,应依照先易后难的顺序。

1. 车上检查

检查车载充电机外观,查看是否有明显碰撞痕迹,外壳有无变形及破损,必要时进行更换。

2. 检查连接线束

检查车载充电机各连接线束有无破损、裂缝,高低压连接是否牢固,有无松动。

3. 检查紧固螺栓

检查车载充电机紧固螺栓有无锈蚀,紧固力矩是否足够。

4. 检查冷却风扇

检查车载充电机风扇转动是否灵活,挡风圈上是否有异物,必要时清洁风扇外表面。

5. 检查冷却管路

检查车载充电机冷却管路连接处是否出现液体泄漏及渗出(部分车型使用风冷冷却)。

6. 检测绝缘性能

检测车载充电机的绝缘性能,需要绝缘电阻表测量绝缘电阻。测量车载充电机中带电电路与外壳之间的绝缘电阻。

7. 检查工作状态

插上交流充电连接设备,对车辆进行充电,查看指示灯是否正常。比亚迪秦某款车型充电请求电路如图4-10所示。

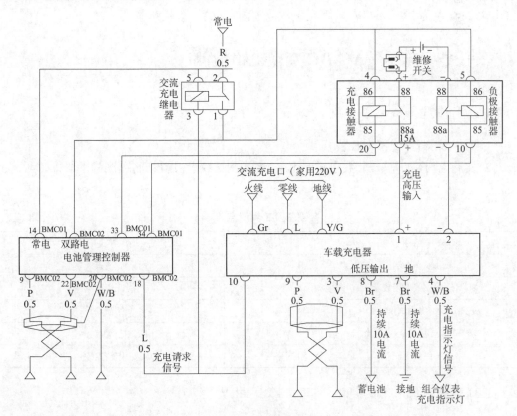

图4-10 充电请求电路

用万用表测量车载充电机4号端子与车身搭铁电压(充电指示灯),正常值小于1V,若不在正常范围内,则重新配合充电连接装置或更换车载充电机。

8. 检查车载充电机感应信号

插上交流充电连接设备,用万用表测量车载充电机10号端子与车身搭铁点的电压(充电感应信号),正常值小于1V,若不在正常范围内,则更换车载充电机。

9. 检查低压供电

不连接充电连接设备,用万用表测量车载充电机 7 号端子与 8 号端子之间的电压(供电正负极),正常值为 11~14V,若不在正常范围内,则更换车载充电机。

10. 充电请求信号输出

插上交流充电连接设备,用万用表测量车载充电机 10 号端子与车身搭铁点的电压(充电请求信号),正常值小于 1V,若不在正常范围内,则更换车载充电机。

11. 检查 CAN 通信

插上交流充电连接设备,用万用表测量车载充电机 CAN 通信端子电压,3 号端子电压正常值为 1.5~2.5V,9 号端子电压正常值为 2.5~3.5V,若不在正常范围内,则更换 CAN 线束。

12. 检查车载充电机输出电压

插上交流充电连接设备,用万用表测量车载充电机输出电压。高压正与高压负端子之间的电压正常值为 228~577V,若不在正常范围内,则更换车载充电机。

二、任务实施——AC-DC 变换电路检测

(一) 工作准备

(1) 防护装备:常规实训着装。
(2) 实施器材:实训车辆、数字式万用表、绝缘测试仪、专用诊断仪、维修手册等。所需要设备及工具见表 4-3。

设备及工具清点表　　　　　　　　表 4-3

名称	数量	清点
实训车辆	1	□清点
数字式万用表	1	□清点
绝缘测试仪	1	□清点
专用诊断仪	1	□清点
维修手册	1	□清点

(二) 实施步骤

1. 工作任务

AC-DC 变换电路(车载充电机)是新能源汽车上重要的电能转换装置,是动力蓄电池能正常充电的前提,作为维修技术人员,要理解 AC-DC 变换电路的基本知识和功能特点,更要能够规范使用新能源汽车维修工具及检测设备进行参数测量,通过正确分析测得的参数,完成各类故障的诊断与排除。作为工作中新能源汽车电气系统检修中重要的一项内容,请完成 AC-DC 变换电路(车载充电机)的检测。

2. AC-DC 变换电路检测

（1）根据实训室的配备，分小组辨识车辆上车载充电机的安装位置并观察其规格、型号与相关参数等。

（2）根据实训室的条件，运用相关电气检测设备，对车载充电机进行故障的诊断与排除。

3. 现场 7S 管理

能够说出现场 7S 管理理念，并在实践过程中按要求执行。

任务 3　DC-AC 变换电路检测

任务描述

DC-AC 变换电路是新能源汽车上重要的电能转换装置，该装置是驱动电机能正常工作的前提。维修技术人员要理解 DC-AC 变换电路的基本知识和功能特点，更要能够规范使用新能源汽车维修工具及检测设备进行参数测量，通过正确分析测得的参数，完成各类故障的诊断与排除。

一、知识准备

（一）DC-AC 变换电路概述

新能源汽车动力蓄电池输出的是高压直流电，而车辆电驱动系统却需要使用三相交流电才能让电机运转起来以驱动车轮行驶，这就需要一种装置来完成可控高压三相交流电的转换，这种装置就是 DC-AC 变换电路，又称为逆变电路或逆变器。逆变电路与整流电路相对应，把直流电变成交流电称为逆变，它常集成于电机控制器中，核心部件为绝缘栅双极型晶体管（Insulated Gate Bipolar Transistor，IGBT），为车辆电驱动系统的重要组成部件。它的基本作用是在电路的控制下将动力蓄电池包输出的直流电转换为频率和电压都任意可调的交流电。

（二）驱动电机

电机在工业领域中的应用非常广泛，种类也很多。但是由于新能源汽车对电机的功率、体积、质量、转矩、散热等许多方面有更高的要求，因此，相较于工业电机，电动汽车的驱动电机必须具备更加优良的性能，如：宽广的恒功率范围，满足汽车的变速性能；起动转矩大，调速能力强；效率高，高效区广；瞬时功率大，过载能力强；功率密度大，体积小，质量轻；环境适应性高，适应恶劣环境；能量回馈效率高。因此，车用电机的种类相对较少，产品也比较集中。

1. 驱动电机的种类

目前,应用于新能源汽车并且拥有较好前景的驱动电机主要包括直流电机、交流电机和开关磁阻电机,具体分类如图 4-11 所示。

2. 直流电机

在电动汽车发展的早期,很多电动汽车都是采用直流电机方案,主要是看中了直流电机产品成熟、控制方式容易、调速优良的特点。但由于直流电机本身的短板非常突出,其自身复杂的机械结构(电刷和机械换向器等),制约了它瞬时过载能力和电机转速的进一步提高。而且在长时间工作的情况下,直流电机的机械结构会产生损耗,提高了维护成本。此外,直流电机运转时的

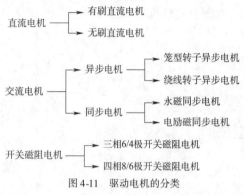

图 4-11 驱动电机的分类

电刷火花会使转子发热,浪费能量,散热困难,还会造成高频电磁干扰,这些因素都会影响具体整车性能。

由于直流电机的缺点非常突出,目前的电动汽车已经将直流电机淘汰。

3. 交流异步电机

交流异步电机,又称为交流感应电机,是由气隙旋转磁场与转子绕组感应电流相互作用产生电磁转矩,从而实现将电能转换为机械能的一种交流电机。

交流异步电机的种类很多,最常见的分类方法是按转子结构和定子绕组相数分类。按照转子结构来分,有笼型异步电机和绕线转子异步电机;按照定子绕组相数来分,有单相异步电机、两相异步电机和三相异步电机。在电动汽车中,主要使用笼型异步电机。下面介绍的异步电机就是指三相笼型异步电机,如图 4-12 所示。

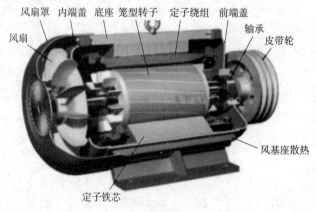

图 4-12 三相笼型异步电机结构图

(1)交流异步电机的结构。

如图 4-12 所示,交流异步电机主要由静止的定子和旋转的转子两大部分组成,定子和转子之间存在气隙。此外,还有端盖、轴承、机座和风扇等部件。

①定子。交流异步电机的定子由定子铁芯、定子绕组和机座构成。定子铁芯是电机磁

路的一部分,并在其上放置定子绕组。定子铁芯一般由0.35~0.5mm厚、表面具有绝缘层的硅钢片冲制叠压而成,在铁芯的内圆冲有均匀分布的槽,用以嵌放定子绕组。定子铁芯槽型有半闭口型槽、半开口型槽和开口型槽三种。定子绕组是电机的电路部分,通入三相交流电,产生旋转磁场。定子绕组是由三个在空间互隔120°电角度、对称排列且结构完全相同的绕组连接而成。这些绕组的各个线圈按一定规律分别嵌放在定子各槽内。机座主要用于固定定子铁芯与前后端盖,以支撑转子,并起防护、散热等作用。机座通常为铸铁件,大型交流异步电机机座一般用钢板焊成,微型电机的机座采用铸铝件。封闭式电机的机座外面有散热筋以增加散热面积,防护式电机的机座两端端盖开有通风孔,使电机内外的空气可直接对流,以利于散热。

②转子。交流异步电机的转子由转子铁芯、转子绕组和转轴组成。转子铁芯也是电机磁路的一部分,并在铁芯槽内放置转子绕组。转子铁芯所用材料与定子铁芯一样,由0.5mm厚的硅钢片冲制叠压而成,硅钢片外圆冲有均匀分布的孔,用来安置转子绕组。通常用定子铁芯冲落后的硅钢片内圆来冲制转子铁芯。一般小型交流异步电机的转子铁芯直接压装在转轴上,大、中型交流异步电机的转子铁芯则借助于转子支架压在转轴上。转子绕组是转子的电路部分,其作用是切割定子旋转磁场产生感应电动势及电流,并形成电磁转矩而使电机旋转。转子绕组分为笼型转子和绕线式转子两种。转轴用于固定和支撑转子铁芯,并输出机械功率。转轴材料一般用中碳钢。

③气隙。交流异步电机定子与转子之间有一个小的间隙,称为电机气隙。气隙的大小对交流异步电机的运行性能有很大影响。中小型交流异步电机的气隙一般为0.2~2mm,功率越大,转速越高,气隙尺寸就越大。

(2)交流异步电机的特点。

结构紧凑、兼顾耐用;运行可靠、维护方便;价格低廉、体积小、质量轻;环境适应性好;转矩脉动低、噪声低;成本低;可靠性高;逆变器即使损坏而产生短路也不会产生反电动势,所以不会出现突然紧急制动的可能性。

(3)交流异步电机的工作原理。

交流异步电机的三相定子绕组通入三相交流电后,将产生一个旋转磁场,该旋转磁场切割转子绕组,从而在转子绕组中产生感应电动势,电动势的方向由右手定则来确定。由于转子绕组是闭合通路,转子中便有电流产生,电流方向与电动势方向相同。而载流的转子导体在定子旋转磁场作用下将产生电磁力,电磁力的方向可用左手定则确定,由电磁力进而产生电磁转矩驱动电机旋转,并且电机旋转方向与旋转磁场方向相同。

交流异步电机的转子转速不等于定子旋转磁场的同步转速,这是交流异步电机的主要特点。如果电机转子轴上带有机械负载,则负载被电磁转矩拖动而旋转。当负载发生变化时,转子转速也随之发生变化,使转子导体中的电动势、电流和电磁转矩发生相应变化,以适应负载需要。因此,交流异步电机的转速是随负载变化而变化的。

交流异步电机的转子转速与定子旋转磁场的同步转速之间存在转速差,它的大小决定着转子电动势及其频率的大小,直接影响交流异步电机的工作状态。通常将转速差与同步转速的比值用转差率表示,转差率是交流异步电机运行时的一个重要物理量。

4. 永磁同步电机

用永磁体来产生磁场,这种方法既可以简化电机结构,又可减少能量转换次数以提高效率。由永磁体产生磁场的电机就是永磁电机,其定子产生旋转磁场,转子用永磁材料制成。

永磁同步电机可分为交流永磁同步电机(PMSM)、直流无刷永磁电机(BLDCM)和新型永磁电机[混合式永磁电机(HSM)、续流增磁永磁电机]三大类,目前,电动汽车主要采用的是前两类。

(1)永磁同步电机的结构。

如图 4-13 所示,永磁同步电机的结构和传统电机类似,主要由定子和转子两大部分构成。永磁同步电机的定子结构与普通的感应电动机的结构非常相似,转子结构与异步电动机的最大不同是在转子上放有高质量的永磁体磁极。

根据永磁体在转子上位置的不同,永磁同步电机的磁极结构可分为表面式和内置式两种,如图 4-14 所示。

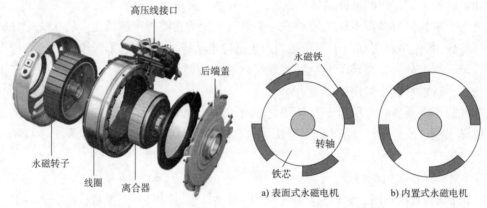

图 4-13　永磁同步电机结构图　　　　图 4-14　永磁同步电机分类

① 表面式转子磁路结构:在表面式转子磁路结构中,永磁体通常呈瓦片形,并位于转子铁芯的外表面上,永磁体提供磁通的方向为径向。表面式结构又分为凸出式和嵌入式两种,对采用稀土永磁材料的电机来说,因为永磁材料的相对回复磁导率接近,所以表面凸出式转子在电磁性能上属于隐极转子结构;而嵌入式转子的相邻两永磁磁极间有着磁导率很大的铁磁材料,故在电磁性能上属于凸极转子结构。表面式永磁电机如图 4-14a)所示。

② 内置式转子磁路结构:内置式转子磁路结构的永磁体位于转子内部,永磁体外表面与定子铁芯内圆之间有铁磁物质制成的极靴。极靴中可以放置铸铝笼或铜条笼,有阻尼或起动作用,动态性能和稳态性能好,广泛用于要求有异步起动能力或动态性能高的永磁同步电机。内置式转子内的永磁体受到极靴的保护,其转子磁路结构的不对称性所产生的磁阻转矩,也有助于提高电机的过载能力或功率密度,而且易于弱磁扩速。内置式永磁电机如图 4-14b)所示。

(2)永磁同步电机的特点。

① 用永磁体取代绕线式同步电机转子中的励磁绕组,从而省去了励磁线圈、集电环和电刷,以电子换相实现无刷运行,结构简单,运行可靠;

②转速与电源频率间始终保持准确的同步关系,控制电源频率就能控制电机的转速;

③具有较硬的机械特性,对于因负载变化而引起的电机转矩扰动具有较强的承受能力,瞬间最大转矩可以达到额定转矩的3倍以上,适合在负载转矩变化较大的工况下运行,适合电动汽车的起动加速工况;

④转子为永久磁铁,无须励磁,因此电机可以在很低的转速下保持同步运行,调速范围宽;

⑤与异步电机相比,不需要无功励磁电流,因而功率因数高,定子电流和定子铜耗小,效率高;

⑥体积小、质量轻,近些年来随着高性能永磁材料的不断应用,永磁同步电机的功率密度得到很大提高,与同容量的异步电机相比,体积和质量都有较大的减小,适合电动汽车空间有限的特点。

(3)永磁同步电机的工作原理。

在永磁同步电机的定子绕组中通入三相电流,通入电流后就会在电机的定子绕组中形成旋转磁场,由于在转子上安装了永磁体,永磁体的磁极是固定的,根据磁极同性相吸异性相斥的原理,在定子中产生的旋转磁场会带动转子进行旋转,最终达到转子的旋转速度与定子中产生的旋转磁极的转速相等,因此可以把永磁同步电机的起动过程看成是由异步起动阶段和牵入同步阶段组成的。永磁同步电机的转子转速可以与定子旋转磁场的转速同步,这是永磁同步电机的主要特点。

5. 开关磁阻电机

(1)开关磁阻电机的结构。

开关磁阻电机作为一种新型电机,相比其他类型的驱动电机而言,开关磁阻电机的结构最为简单,定、转子均为普通硅钢片叠压而成的双凸极结构,转子上没有绕组,定子装有简单的集中绕组,如图4-15所示。

开关磁阻电机有多种不同的相数结构,如单相、两相、四相及多相等,且定子和转子的极数有多种不同的搭配。低于三相的开关磁阻电机,一般没有自起动功能。相数多有利于减小转矩脉动,但结构复杂,主开关器件多,成本增加。

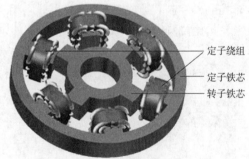

图4-15 开关磁阻电机

(2)开关磁阻电机的特点。

开关磁阻电机与其他电机相比,具有以下优点:

①可控参数多,调速性能好。可控参数有主开关开通角、主开关关断角、相电流幅值、直流电源电压;控制方便,可四象限运行,容易实现正转、反转和电动、制动等特定的调节控制。

②结构简单,成本低。开关磁阻电机转子无绕组,也不加永久磁铁,定子为集中绕组,比传统的直流电机、永磁电机及异步电机都简单,制造和维护方便,它的功率变换器比较简单,主开关元件数较少,电子器件少,成本低。

③损耗小,运转效率高。开关磁阻电机的转子不存在励磁及转差损耗,功率变换器元器

件少,相应的损耗也小;控制灵活,易于在很宽转速范围内实现高效节能控制。

④起动转矩大,起动电流小。在15%额定电流的情况下就能达到100%的起动转矩。

但是,由于开关磁阻电机的特殊结构和工作方式,也存在如下一些缺点:转矩脉动现象较严重,振动和噪声相对较大,特别是在负载运行的时候;电机的出线头相对较多,还有位置检测器出线端;电机的数学模型比较复杂,其准确的数学模型较难建立;控制复杂,依赖于电机的结构。

(3)开关磁阻电机的工作原理。

电机的定子和转子呈凸极形状,极数互不相等,转子由叠片构成,转子带有位置检测器以提供转子位置信号,使定子绕组按一定的顺序通断,保持电机的连续运行。

开关磁阻电机的磁阻随着转子磁极与定子磁极的中心线对准或错开而变化。因为电感与磁阻成反比,所以当转子磁极在定子磁极中心线位置时,相绕组电感最大;当转子磁极中心线对准定子磁极中心线时,相绕组电感最小。因为开关磁阻电机的运行原理遵循"磁阻最小原理",即磁通总要沿着磁阻最小的路径闭合,所以,具有一定形状的铁芯在移动到最小磁阻位置时,必须使自己的主轴线与磁场的轴线重合。

(三)逆变器

1. 逆变器的组成

逆变器由 IGBT、直流母线电容、驱动和控制电路板等组成,可实现直流(可变的电压、电流)与交流(可变的电压、电流、频率)之间的转变。

绝缘栅双极型晶体管(Insulated Gate Bipolar Transistor,IGBT),是由 BJT(双极型晶体管)和 MOS(绝缘栅型场效应晶体管)组成的复合全控型电压驱动式功率半导体器件,兼有 MOSFET 高输入阻抗和 GTR 低导通压降两方面的优点,可以简单理解为一种开关器件,由整车控制器控制其通或者断,从而实现三相绕组的不同时刻通电。

IGBT 是新能源汽车上最核心的部件之一,也是目前我国新能源汽车技术受到制约的地方,其成本可以占整车的 8% 以上。我国 90% 以上车规级的 IGBT 都是依靠进口,全球的车规级 IGBT 主要由德国的英飞凌和日本的三菱垄断,比亚迪是我国目前唯一能生产 IGBT 的自主品牌汽车企业,其生产的 IGBT 已经大批量运用于自家生产的新能源汽车上,如图 4-16 所示。

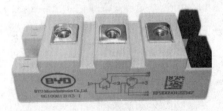

图 4-16　比亚迪生产的 IGBT

思政教育

电力电子器件的发展为人类社会进步做出了巨大贡献,是推进工业革命发展的基石。从 1906 年的第一个真空三极管的发明至今,IGBT 等在新能源汽车上的应用是无数科学家智慧的结晶。新型电力电子器件将成为未来科技发展的重要一环,当代大学生必须肩负起时代责任和历史使命,为推动人类科学进步而奋斗。

2. 逆变器的工作原理

由电机的工作原理可以得知,电机旋转一圈,电机内部的三相绕组(U、V、W)需要各通电两次,即 U 相绕组通一次正向电流和反相电流,W 相绕组通一次正向电流和反相电流,V 相绕组通一次正向电流和反相电流,同时 6 个 IGBT 模块各工作一次,整个工作过程可以分为 3 个部分。

(1)W + ,V - (IGBT3、IGBT5 工作)。

变频器工作时,整车控制器(VCU)输出触发信号使其中两个 IGBT 晶体管(图 4-17 中 IGBT3、IGBT5)导通,此时电流经动力蓄电池正极、IGBT3、W 相绕组、V 相绕组、IGBT5,至动力蓄电池负极,完成一次回路,在电机 W 相流过正向电流,在 V 相流过反向电流。

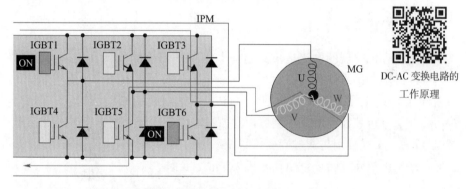

图 4-17　W 相和 V 相绕组通电路径示意图

DC-AC 变换电路的工作原理

(2)U + ,W - (IGBT1、IGBT6 工作)。

当 IGBT 晶体管(图 4-18 中 IGBT1、IGBT6)导通,此时电流经动力蓄电池正极、IGBT1、U 相绕组、W 相绕组、IGBT6,至动力蓄电池负极,完成一次回路,在电动机 U 相流过正向电流,在 W 相流过反向电流。

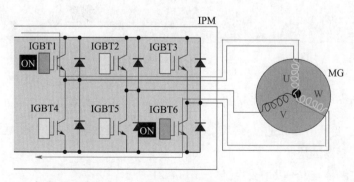

图 4-18　U 相和 W 相绕组通电路径示意图

(3)V + ,U - (IGBT2、IGBT4 工作)。

当 IGBT 晶体管(图 4-19 中 IGBT2、IGBT4)导通,此时电流经动力蓄电池正极、IGBT1、U 相绕组、V 相绕组、IGBT4,至动力蓄电池负极,完成一次回路,在电动机 U 相流过正向电流,在 V 相流过反向电流。至此,三相绕组各通一次正向电流和反相电流,6 个 IGBT 也各工作一次,完成电机旋转的一个完整过程。

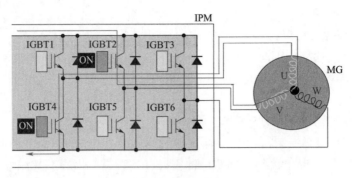

图4-19　U相和V相绕组通电路径示意图

(四)旋变信号传感器

旋变信号传感器的作用是检测驱动电机转子当前的旋转相位,电机控制器再通过旋变信号计算当前的驱动电机转速。如图4-20所示,旋变定子内侧有感应线圈,安装在驱动电机定子上。驱动电机旋转时,带动旋变旋转。旋变信号传感器与电机控制器中间通过6根低压线束连接,2根是旋变信号传感器的励磁信号,另外4根分别是通过旋变信号传感器输出的正弦信号和余弦信号。6根线当中任何一根线路出现故障都会导致驱动电机无法正常工作。

旋变信号传感器的工作原理

图4-20　旋变信号传感器

(五)DC-AC变换电路的检测

由于DC-AC变换电路即逆变器,常集成于电机控制器内部,所以DC-AC变换电路的检测实际为电机控制器的检测。

驱动电机控制器与其他系统的联系,如图4-21所示。

电机控制器作为电驱动系统的核心部件,也是较常出现故障的部件之一,因其结构相对比较复杂,一般采用诊断仪读取数据流的方法来对其进行故障的诊断与排除。下面我们将以比亚迪秦某款车型为例进行讲解。

1. 数据流的读取

在对电机控制器进行故障诊断时,可以使用诊断仪读取数据流来查看电机控制器工作是否正常,如图4-22所示。

图 4-21 驱动电机系统图

驱动电机控制器 1/3

A相电流：	1	A
B相电流：	0	A
C相电流：	4	A
IGBT温度：	30	℃
IPM温度：	35	℃
电机温度：	60	℃
冷却液温度：	24	℃
过载系数：	100	%
制动深度：	保留	
加速踏板深度：	0	%
电机功率：	0	kM
母线电压：	509	V

驱动电机控制器 2/3

整车挡位：	P挡
动力状态：	正常
防盗状态：	成功
盖子状态：	关闭
起动允许：	允许
水泵状态：	打开
巡航状态：	非巡航
电机状态：	关闭
发动机命令：	关闭
离合器命令：	脱开
整车工作模式：	EV
整车运行模式：	经济

图 4-22 电机控制器数据流

2. 根据故障码排除故障

当电机控制器出现故障时，系统会存储驱动电机系统故障码，如图 4-23 所示。

3. 查找维修手册

明确故障码对应的可能电路，在维修手册上找到相应端子或引脚，如图 4-24 所示，进行测量。

4. 诊断及排除故障

下面以两种典型故障举例，解释电机控制器的检修方法。

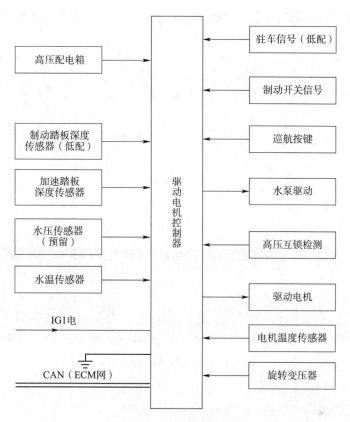

DTC	描述	备注
P1B00	动力电机电流过流故障	电流超过600A
P1B01	IPM 保护	硬件 IPM 保护
P1B02	旋变故障	旋变线束松动、旋变器件有故障
P1B03	欠电压保护故障	主接触器吸合后电压低于 330V
P1B04	过电压保护故障	主接触器吸合后电压高于 570V
P1B05	过载保护	电机电流超过设定值
P1B06	断相保护	电机三相电流断相
P1B07	加速踏板信号 1 回路故障	加速踏板故障,加速踏板 1、2 出错或互校出错
P1B08	加速踏板信号 2 回路故障	
P1B0B	碰撞保护	检测到碰撞信号
P1B0C	挡位错误	挡位信号出错
P1B0D	开盖保护	控制器开盖
P1B0E	EEPROM 错误	EEPROM 读写故障

图 4-23　电机控制器故障码

连接端子	引脚名称/功能	条件	正常值
B21-4—B21-61	/HV_LOCK2 高压互锁输入 2	ON 挡	PWM 信号
B21-5—B21-61	/PUMP_TEST 水泵检测输入	OK 挡,EV 模式	10~14V
B21-6	预留	预留	预留
B21-7	预留	预留	预留
B21-8	预留	预留	预留
B21-9—B21-61	CRASH_IN 碰撞信号	ON 挡	PWM 信号

图 4-24　电机控制器全面诊断

(1) P1B02:旋变故障。

①检查低压插接器。

②电源开关置于 OFF 挡,拔掉电机控制器低压插接器。

③测量旋变传感器励磁线圈电阻是否在 7~10Ω。

④测量旋变传感器正弦信号输出端子间电阻是否在 15~19Ω。

⑤测量旋变传感器余弦信号输出端子间电阻是否在 15~19Ω。

⑥如果所测电阻正常,则检查插接器是否松动,如果没有,则为动力总成故障,更换电机控制器。

(2) P1B03:欠电压保护故障。

①检查动力蓄电池包电量是否大于 10%,如果不是,则给动力蓄电池包充电。

②检测高压母线:断开维修开关,等待 5min;拔掉电机控制器高压插接器;插上维修开关,电源开关置于 OK 挡,EV 模式;测量母线电压值,母线正极与负极正常电压值为 450~550V,若不在正常范围内,则检测高压配电箱及高压电路。

③若高压配电箱及高压线路正常,则更换电机控制器。

二、任务实施——DC-AC 变换电路检测

(一) 工作准备

(1) 防护装备:常规实训着装。

(2）实施器材：实训车辆、数字式万用表、绝缘测试仪、专用诊断仪、维修手册等。所需要设备及工具见表4-4。

设备及工具清点表　　　　　　　　　　　　　　表4-4

名称	数量	清点
实训车辆	1	□清点
数字式万用表	1	□清点
绝缘测试仪	1	□清点
专用诊断仪	1	□清点
维修手册	1	□清点

（二）实施步骤

1. 工作任务

DC-AC变换电路是新能源汽车的重要电能转换装置，是驱动电机能正常工作的前提，作为维修技术人员，要理解DC-AC变换电路的基本知识和功能特点，更要能够规范使用新能源汽车维修工具及检测设备进行参数测量，通过正确分析测得的参数，完成各类故障的诊断与排除。作为工作中新能源汽车电气系统检修中的重要一项内容，请完成DC-AC变换电路的检测。

2. DC-AC变换电路检测

（1）根据实训室的配备，分小组辨识车辆上电机控制器的安装位置并观察其规格、型号与相关参数等。

（2）根据实训室的条件，运用相关电气检测设备，对电机控制器进行故障的诊断与排除。

3. 现场7S管理

能够说出现场7S管理理念，并在实践过程中按要求执行。

习题

一、填空题

1. 新能源汽车一般拥有两套电源系统，一套是为车辆电驱动系统供电的＿＿＿＿＿＿，另一套是为车上大量的电子元件和控制系统供电的＿＿＿＿＿＿。

2. DC/DC转换器通常由＿＿＿＿＿＿、＿＿＿＿＿＿、＿＿＿＿＿＿和＿＿＿＿＿＿等组成，还包含冷却器（通过冷却液）给电子功率器件散热。

3. 常见的车载充电机充电方式有＿＿＿＿＿＿、＿＿＿＿＿＿、＿＿＿＿＿＿、＿＿＿＿＿＿等。

4. 目前，应用于新能源汽车上并且拥有较好前景的驱动电机主要包括＿＿＿＿＿＿、＿＿＿＿＿＿和＿＿＿＿＿＿。

5. 交流异步电机按照转子结构来分，有＿＿＿＿＿＿和＿＿＿＿＿＿。

二、判断题

1. DC/DC 转换器作用是将高压电池的直流电压经过变换后,为 12V 铅酸蓄电池进行充电,充电电压为 13.8～14.8V。（　　）
2. 充电机和 BMS 如果在规定的时间内没有收到对方报文或没有收到正确报文,即判定为超时,但是充电仍可正常进行。（　　）
3. 永磁同步电机的定子是永磁体。（　　）
4. 用万用表测量车载充电机充电请求信号端子与车身地电压,正常值大于 1V。（　　）
5. 旋变信号传感器能检测驱动电机转子当前的旋转相位。（　　）

三、选择题

1. 以下哪项不是交流异步电机的特点。（　　）
   A. 体积小　　　B. 质量轻　　　C. 成本高　　　D. 维护方便
2. 关于车载充电机,下列说法正确的是（　　）。
   A. 将交流电整流成直流电,为动力蓄电池充电
   B. 将交流电整流成直流电,为低压电池充电
   C. 将直流电整流成直流电,为动力蓄电池充电
   D. 将直流电整流成直流电,为低压电池充电
3. 电机旋转一圈,电机内部的三相绕组（U、V、W）需要各通电（　　）次。
   A. 一次　　　B. 两次　　　C. 三次　　　D. 四次

项目五
新能源汽车执行器

知识目标

（1）熟悉新能源汽车执行器的结构及特点。
（2）了解新能源汽车执行器的电路连接。
（3）掌握新能源汽车执行器的工作原理。
（4）理解新能源汽车执行器的控制工作过程。
（5）掌握用电安全与防护知识。

技能目标

（1）能够正确描述新能源汽车执行器的作用及其组成部分。
（2）能够识读新能源汽车执行器控制电路。
（3）能够正确使用新能源汽车执行器实训板。
（4）能够通过使用万用表测量新能源汽车执行器数据，并作出正确分析。
（5）能够通过实训理解新能源汽车执行器的控制原理及其工作过程。

素养目标

（1）能够根据所学知识进行拓展学习。
（2）能够制订工作计划，独立完成工作学习任务。
（3）能够在工作过程中，与小组其他成员合作、交流并进行学习任务分工，具备团队合作和安全操作意识。
（4）养成服从管理，依据企业 7S 管理模式，规范作业的良好工作习惯。
（5）培养安全工作的意识和习惯。

▶学时：8 学时

任务1 高压上电过程控制

📝 任务描述

高压电路中电机控制器和空调压缩机控制器内部含有电容,为了防止动力蓄电池与高压电路直接接通瞬间的电流过大,损坏控制器内部电子元件,BMS按特定顺序来控制继电器的通断,达到以低电压、小电流对各控制器内部电容充电的目的。

本实训通过搭建电路,模拟高压上电过程,使学生学习新能源汽车高压上电的控制原理,并通过规范的操作,养成良好的职业素养。

一、知识准备

(一)高压上电预充电过程

1. 预充电原因

驱动电机的电机控制器和空调压缩机的电机控制器内部含有电容,如果动力蓄电池接入高压电路时,电容内没有预先储存一定的电荷量,则高压电路中电容的充电电流会非常大,极容易发生危险。为了避免发生短路的意外,应加入预充电继电器和预充电阻来给电容进行预充电,以此来保护电路。预充电示意图如图5-1所示。

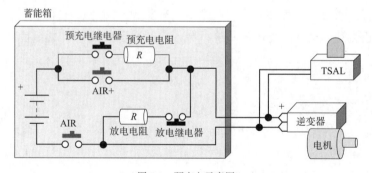

图5-1 预充电示意图

2. 预充电控制过程

常规的高压预充电电路如图5-2所示,利用充电电阻R1′、缓冲电感L1′和防反接二极管D1′向充电电容C1′预充电,充电电阻R1′用于限制预充电电流,当电压达到预期时,闭合继电器RL1′,完成预充电。预充电电流与充电电阻R1′、上电电压高度关联,需要充分考虑不同电压、不同环境温度下充电电阻R1′的发热。继电器RL1′的选型也非常关键,并且为维持继电器RL1′导通,需要持续提供电流给继电器RL1′的线圈,一般是12V、40mA。另外直流系统的继电器驱动需要反向供电才能使继电器RL1′的触点断开,继电器RL1′的寿命有限,关闭时有电弧发生,会影响触点电阻。此外,继电器 RL1′ 的体积比较大,占用空间比较大。

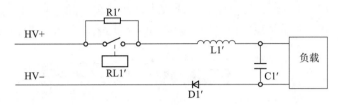

图 5-2　高压预充电电路

(二)高压上电的控制原理

对于纯电动汽车而言,没有电是万万不可的。可是有了电,也并不是万能的,毕竟在纯电动汽车起动之前还要经过一个高压上电过程。新能源汽车高压系统电路简图如图 5-3 所示。

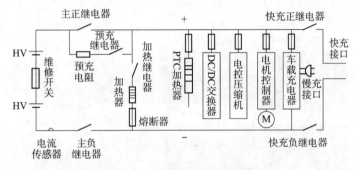

图 5-3　新能源汽车高压系统电路简图

上电过程可以简单理解为各部件间开关闭合的通电顺序,标准说法应是上电时序。在纯电动汽车中,使用了更多的电子元件作为通电开关,它们根据控制单元的指令,严格遵循开闭的先后顺序,即为上电时序,如图 5-4 所示。

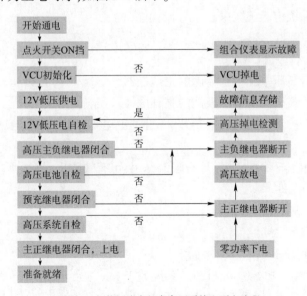

图 5-4　新能源汽车整车高压系统上下电流程

1. 高压上电系统的主要结构

既然有上电时序,就必有下电时序。有正常工作时的上下电时序,也有充电状态下的上下电时序。在进一步了解它们之前,我们必须要知道高压上电系统结构,如图5-5所示。

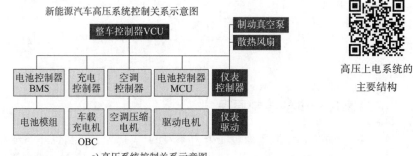

a) 高压系统控制关系示意图

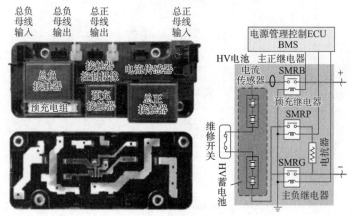

b) 高压系统结构组成

图5-5 高压上电系统结构

(1)母线:高压系统中的主线束。

(2)VCU:整车控制器。

(3)BMS:电池管理系统。

(4)主正继电器:高压系统中正极侧的主继电器。

(5)主负继电器:高压系统中负极侧的主继电器。

(6)预充继电器:控制预充回路的断开、闭合的继电器,即在主继电器工作之前,接通预充电路进行自检。

(7)预充电阻:相当于保护电阻,具有限流作用,可有效防止因上电瞬间的大电流损坏高压系统中的其他电子元件。

2. 高压上电的控制过程

(1)高压上电时序。

如图5-6所示,高压上电控制时序如下:

①整车上电后,BMS被唤醒,此时高压系统处于Init(初始化)模式。

②BMS进行自检状态,如果没有故障将反馈Ready(预准备状态)到VCU,检测主负继电

器和主正继电器是否粘连。

③通过检测后等待 VCU 上电指令,此时由 Init 模式切换至 Standby(待命)模式。

④在接收到 VCU 上高压电指令后,闭合主负、预充继电器进行预充。

⑤预充完成后闭合主正继电器,延时 100ms 后断开预充。预充时间不大于 600ms。

⑥预充结束后,断开预充继电器,高压上电完成,进入 Operational(运作)模式。

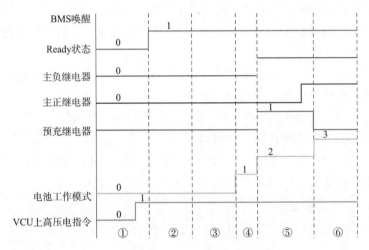

图 5-6　新能源汽车高压上电控制时序图示

(2)高压下电时序。

如图 5-7 所示,高压下电控制时序如下:

①待 ON 挡消失(持续 2s)后,BMS 等待 VCU 下电指令。若 15s 未收到 VCU 下电指令,BMS 会强制下电休眠。

②当 BMS 收到 VCU 下电指令时,若母线电流小于 20A,则先后断开主正继电器和主负继电器。然后判断母线电压,若母线电压下降到断电前电压的 10%,BMS 将下电指令反馈给 VCU,此时进入 Powerdown 模式。同时 BMS 发送下电完成指令后 500s 内进入休眠状态。

③当 BMS 收到 VCU 下电指令时,若母线电流大于 20A,BMS 则会以 5A/100ms 的速度逐渐降低最大允许电流到 0A。若 15s 内母线电流仍然大于 20A,BMS 会强制下电。

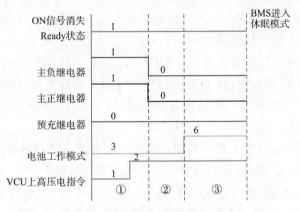

图 5-7　新能源汽车高压下电控制时序图示

（3）慢充上电时序。

如图5-8所示，慢充上电控制时序如下：

①BMS接收到OBC(车载充电器)的充电唤醒信号且检测到OBC发出的CC、CP信号均为连接状态时，BMS进入充电模式。同时接收VCU上高压指令后且自检通过，BMS先后闭合主负继电器、预充继电器，当预充电压与母线电压差值在±15V时闭合正继电器，然后断开预充继电器。最后BMS发送需求电流和需求电压给OBC。

②当电充满后，BMS会发送充电完成指令，并断开主继电器。若此后不进入休眠状态则不再响应VCU的上电指令。

③当断开充电设备时，OBC会断开BMS的唤醒信号。同时BMS在检测到充电唤醒消失后，先将充电电流降为0，然后自己再进入睡眠状态。

④在充电过程中，若检测到OBC的二级以上故障，BMS会主动终止充电。此时充电设备CC/CP信号未连接到BMS，只连接到OBC。

⑤当BMS检测到自身故障或OBC发出的三级故障，或充满/充电过程中CC/CP/唤醒信号消失，则请求电流值为0，充电机模式为NO OUTPUT(无输出模式)。

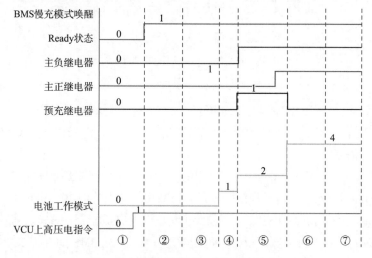

图5-8 新能源汽车慢充上电控制时序图示

（4）快充上电时序

如图5-9所示，快充上电控制时序如下：

①BMS接收到OBC的充电唤醒信号且检测到OBC发出的CC、CP信号均为连接状态时，BMS进入充电模式。同时接收VCU上高压指令后且自检通过，BMS先后闭合主负继电器、预充继电器，当预充电压与母线电压差值在±15V时闭合正继电器，然后断开预充继电器。最后BMS发送需求电流和需求电压给OBC。

②BMS会先以每3s增加0.05C的速度给定充电电流，然后等待响应电流，如果响应电流未达到给定值，则等待给定电流以防止充电桩响应电流超调。

③为兼容快充充电桩，BMS将充电开始前的绝缘检测放在充电过程中进行。其目的是为了防止充电桩在未完成绝缘检测时发电而导致BMS绝缘误报现象的发生。

④只要插入充电设备,BMS 都应置位充电插头处于连接状态,但只有 CC、CP 同时有效或 CC2 有效时才允许进入充电模式。

⑤当 BMS 连续 15s 未接收到 VCU CAN 总线的指令信息,则认定为通信超时,此时 BMS 将执行下电命令。

⑥首先以 5A/100ms 的步长速率将充电电流逐渐减小至 0,然后断开主继电器。该故障为可恢复故障,即当通信恢复时,BMS 恢复正常通信,但不再接通主继电器,故障等级为三级。

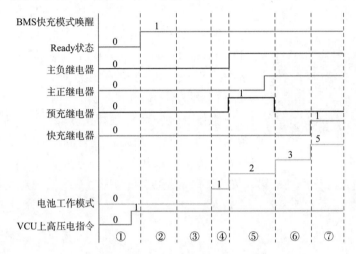

图 5-9 新能源汽车快充上电控制时序图示

3. 高压上电的控制原理

汽车起动时,如图 5-10 所示,BMS 首先控制主负继电器和预充继电器闭合,主正继电器断开。此时,动力蓄电池首先经预充电阻分压,以较小的电流对电机控制器内部的电容进行充电。

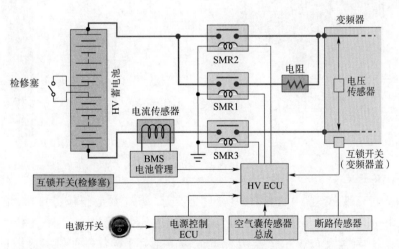

图 5-10 高压上电控制示意图
SMR1-预充继电器;SMR2-主正继电器;SMR3-主负继电器

待电容充电达到目标电压后,BMS 控制预充继电器断开和主正继电器闭合,使动力蓄电池直接连接主电路,完成上电过程。

(三) 维修开关

1. 维修开关

维修开关在电动汽车的安装位置相对广泛,包括设置于车厢中部扶手箱内或车厢后部的扶手箱,还有在储物箱内、动力蓄电池总成上方等。因车型不同,需按照车辆维修手册提示进行查找。

针对维修开关有着不同的称呼:手动维修开关(Manual Service Disconnect, MSD)、紧急维修开关(Emergency Service Switch, ESS),如图5-11所示。

2. 维修开关的作用

图5-11 维修开关

维修开关安装位置如图5-12所示,布置于动力蓄电池组中间,主要作用是在进行高压系统的维修项目时,可以手动拔出维修开关,从而切断动力蓄电池电源,避免维修人员发生触电意外。而且维修开关内部装有熔断器,当高压系统出现短路的情况时,熔断器熔断连接,有效降低意外风险。

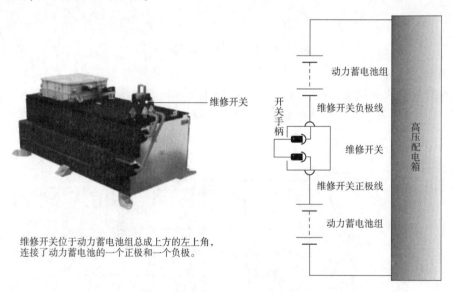

维修开关位于动力蓄电池组总成上方的左上角,连接了动力蓄电池的一个正极和一个负极。

图5-12 维修开关的安装位置及结构

3. 维修开关的位置布局

维修开关电气部位布置一般有两种:一种是位于高压电源的正极;另一种是布置于动力蓄电池总成组中间,维修开关位于动力蓄电池的正极,在动力蓄电池正极与维修开关有一段电路,如果采用这种类型布置方式,需要保证此段电路处于人体不能接触区域(一般在动力蓄电池总成内部位置)。

如果高压连接器可不用工具断开,则在未匹配的情况下需满足IPXXB防护等级的要求,即防止手指直接接触,所以维修开关的底座插孔应该依据IPXXB防护等级进行设计。

(四)高压互锁的原理

高压互锁指的是通过使用低压信号来检测高压系统的完整性,例如:高压线缆连接器是否出现松脱、电机控制器外壳是否未安装到位和动力蓄电池壳体是否移位等。

新能源汽车行驶过程中,高压部件长时间处于振动的条件下,所以容易造成部件的移位或接线的松脱。当控制单元检测到低压系统断开时,就需要启动相应安全措施,给驾驶员发出警报并且断开高压回路等,如图 5-13 所示。

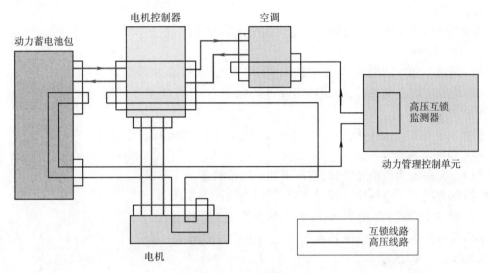

图 5-13　高压互锁控制示意图

> **思政教育**
>
> 　　现代新能源汽车越来越注重安全驾驶,我们的研发人员要从各个方面尽量为用户规避行车危险,目的就是保证乘车人员的安全第一。生命安全大于一切,在进行高压上电实践操作时,我们应时刻牢记安全第一,规范操作,不让自己和他人受到伤害。

二、任务实施——新能源汽车高压电上电实训台实训

(一)工作准备

(1)防护装备:防静电工作服、绝缘手套、绝缘劳保鞋。

(2)实施器材:新能源汽车电工电子实训台(高压上电控制实训板)、可调电压锂电池模块、数字式万用表等。

(3)辅助材料:连接导线。

所需要设备及工具见表 5-1。

设备及工具清点表　　　　　　　　　　　　　　　　表 5-1

名称	数量	清点
新能源汽车电工电子实训台(高压上电控制实训板)	1	□清点
可调电压锂电池模块	1	□清点
数字式万用表	1	□清点

(二)实施步骤

1. 工作任务

教师进行实训操作示范,指导学生完成相关学习任务。

2. 实训板的认知

(1)根据实训室的配备,分小组认识实训板的型号、规格和用途。

(2)根据实训室的条件,按照操作说明正确使用高压电上电实训板。

3. 识读电路图

根据实训室的配备,分小组识读实训车辆(实训板)的高压工作电路。

4. 电路搭建及验证

(1)探究高压上电预充阶段,高压电路的工作状态。

(2)探究高压上电预充阶段结束后,高压电路的工作状态。

(3)探究维修开关断开的条件下,高压电路的工作状态。

(4)探究高压互锁断开的情况下,高压电路的工作状态。

5. 现场 7S 管理

能够说出现场 7S 管理理念,并在实践过程中按要求执行。

任务2　直流电机控制电路原理与应用

✎任务描述

新能源汽车一般采用电子助力转向装置,该装置的动力源是直流电机,能够根据驾驶员的驾驶意图,收集转向、车速、转矩等信息,由控制模块完成直流电机的转向控制和转速控制,保证汽车在低速转向行驶时轻便灵活,高速转向行驶时稳定可靠。

本实训通过搭建电路,使学生学习直流电机的转速控制方式和转向控制方式,并通过规范的操作,养成良好的职业素养。

一、知识准备

(一)直流电机的结构

直流电机(Direct Current Machine)是指能将直流电能转换成机械能(直流电动机)或将

机械能转换成直流电能(直流发电机)的旋转电机,是能实现直流电能和机械能互相转换的电机。当它作电动机运行时是直流电动机,将电能转换为机械能;作发电机运行时是直流发电机,将机械能转换为电能。

直流电机具有调速性能好、起动转矩较大的特点,它的转速可以根据需要在很宽的范围内方便均匀地进行调节。尽管直流电机需要使用直流电源,生产成本较高,对使用维护方面的要求也比较高,运行可靠性较差,但是在对电机调速性能及起动性能要求高的生产机械中仍得到广泛应用。

直流电机的结构主要由定子和转子两大部分组成,如图 5-14 所示。

1. 定子

定子主要部件包括主磁极、换向磁极、机座、端盖和电刷装置等,其剖面结构如图 5-15 所示。

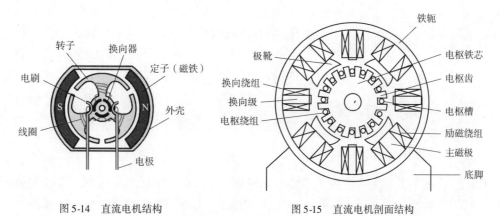

图 5-14 直流电机结构　　　　图 5-15 直流电机剖面结构

(1) 主磁极。

主磁极的作用是产生恒定、有一定空间分布形状的气隙磁通密度,即产生主磁场,主磁极的结构如图 5-16 所示。绝大多数直流电机的主磁极不是用永久磁铁而是由励磁绕组通以直流电流来建立磁场的。

主磁极由铁芯和放置在铁芯上的励磁绕组构成,一般主磁极铁芯采用低碳钢板冲成一定形状叠装固定而成。主磁极铁芯分为极身和极靴。极靴的作用是使气隙磁通密度的空间分布均匀并减小气隙磁阻,同时极靴对励磁绕组也起支撑作用。为减小涡流损耗,主磁极铁芯是用 1.0~1.5mm 厚的低碳钢板冲成一定形状,用铆钉把冲片铆紧,然后固定在机座上。主磁极上的线圈是用来产生主磁通的,称为励磁绕组。

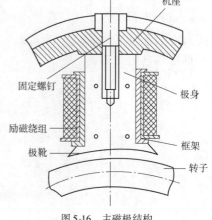

图 5-16 主磁极结构

主磁极的个数一定是偶数,励磁绕组的连接必须使得相邻主磁极的极性按 N、S 极交替出现。套在主磁极铁芯上的励磁绕组根据其不同的使用情况分为两种:一种是并励绕组,另一种是串励绕组。并励绕组的匝数多、导线细,串励绕组的匝数少、导线粗。整个主磁极再用螺杆固定在机座上。

在相邻的主磁极之间装有换向磁极，它也是由铁芯和绕组构成。其作用是改善换向，使电机运行时，在电刷与换向器的接触面上不致产生有害的火花。

(2) 机座。

直流电机的机座有两种形式：一种为整体机座，另一种为叠片机座。整体机座是用导磁效果较好的铸钢材料制成，能同时起到导磁和机械支撑作用。

直流电机的机座有两个作用：一是构成主磁路的一部分，机座中作为磁路通路的部分称为磁轭；二是对电动机起到支撑作用，主磁极和换向极固定于磁轭上。

(3) 电刷装置。

电刷装置是直流电机的重要组成部分，电刷装置的作用是将转动的电枢(转子)中的电压和电流引出来，或将外加电源的电流输入转动的电枢中去。电刷是主要由石墨做成的导电块，放在刷握中，由弹簧机构施以一定的压力使其压在换向器表面上，电机运行时与换向器表面形成滑动接触，电刷上焊的铜丝辫引出或引入电流。电刷的组数即电刷杆数一般与主磁极的极数相等，各刷杆装在一圆形的可以转动的刷杆座上，刷杆座固定在一端的端盖上。电刷的结构如图 5-17 所示。

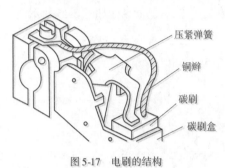

图 5-17 电刷的结构

2. 转子

直流电机的转子是电机实现机电能量转换的枢纽，所以常称之为电枢。直流电机的转子是电机的转动部分，由电枢铁芯、电枢绕组、换向器、电机转轴和轴承等部分组成。

(1) 电枢铁芯。

电枢铁芯是主磁路的一部分，同时对放置在其上的电枢绕组起支撑作用。为减少当电机旋转时铁芯中由于磁通方向发生变化引起的磁滞损耗和涡流损耗，电枢铁芯通常用 0.5mm 厚的低硅硅钢片或冷轧硅钢片冲压成型，并在硅钢片的两侧涂绝缘漆。硅钢片上冲出转子槽来放置绕组，冲制好的硅钢片叠装成电枢铁芯。图 5-18 为小型直流电机的电枢冲片形状和电枢铁芯装配图。

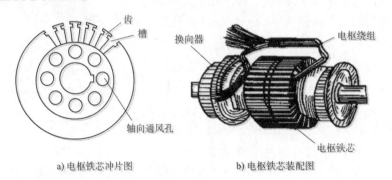

a) 电枢铁芯冲片图　　b) 电枢铁芯装配图

图 5-18 小型直流电机电枢铁芯结构

(2) 电枢绕组。

电枢绕组是直流电机的重要组成部分。绕组由带绝缘的导体绕制而成，对于小型电机常采用铜导线绕制,对于大中型电机常采用成型线圈。在电机中每一个线圈称为一个元件,多个元件有规律地连接起来形成电枢绕组。绕制好的绕组或成型绕组放置在电枢铁芯上的槽内,放置在铁芯槽内的直线部分在电机运转时将产生感应电动势,称为元件的有效部分;在电枢槽两端把有效部分连接起来的称为端接部分,端接部分仅起连接作用,在电机运行过程中不产生感应电动势。

(3)换向器。

换向器也是直流电机中的关键部件之一,其又称整流子。对于发电机,换向器的作用是把电枢绕组中的交变电动势转变为直流电动势向外部输出直流电压;对于电动机,它是把外界供给的直流电流转变为绕组中的交变电流以使电机旋转。换向器采用导电性能好、硬度大、耐磨性能好的紫铜或铜合金制成,相邻换向片间以 0.6~1.2mm 厚的云母片作为绝缘,如图 5-19 所示。换向片和云母片组成的圆筒两端用 V 形云母套筒和 V 形金属压圈压紧,以使其成为一个整体并保证其绝缘性能,这样就构成了一个换向器。将换向器装到转轴上,每个电枢线圈的首端和尾端的引线分别焊入相应换向片的升高片内。功率较大的直流电机还装有风扇,加强散热冷却。

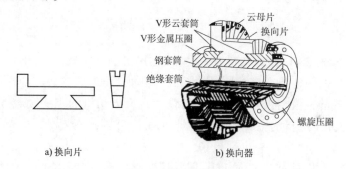

图 5-19 换向器结构

(二)直流电机的励磁方式

直流电机的性能与它的励磁方式有密切的关系。按励磁电流供给方式的不同,直流电机可分为他励和自励两大类,其中自励直流电机又分为并励、串励和复励三种,它们的线路如图 5-20 所示。

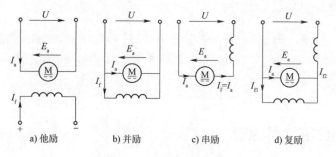

图 5-20 直流电机励磁方式

1. 他励方式

如图 5-20a)所示,励磁绕组与电枢绕组无连接关系,而由其他直流电源对励磁绕组供电的直流电机称为他励直流电机。他励直流电机广泛用于需要宽调速的拖动系统中,如龙门刨床等。

2. 并励方式

如图5-20b)所示,并励电机的励磁绕组与电枢绕组并联。其励磁绕组匝数较多,导线截面较小,电阻较大,励磁电流只为电枢电流的一小部分(通常约为百分之几)。作为并励发电机来说,是电机本身发出来的端电压为励磁绕组供电;作为并励电动机来说,励磁绕组与电枢共用同一电源,从性能上讲与他励直流电机相同。并励直流电机基本上是一种恒定转速的电机,必要时可以调速,因此一般用于拖动转速变化较小的负载,如金屑切割机床、球磨机等。专门设计的并励调速电机可在较大范围内平滑调速,用于轧钢机、造纸机等。

3. 串励方式

如图5-20c)所示,串励直流电机的励磁绕组与电枢绕组串联后,再接于直流电源,这种直流电机的励磁电流就是电枢电流。串励直流电机的励磁绕组与电枢绕组串联,其励磁电流与电枢电流相等。因电枢电流较大,所以励磁绕组的导线截面较大、匝数较少。串励直流电机起动转矩和过载能力较大,同时转速随负载变化明显。当负载转矩增大时,电机转速会自动下降,但输出功率变化不大,适用于城市电车、电力机车、叉车、起重机、电梯等电力牵引设备中。

4. 复励方式

如图5-20d)所示,复励直流电机有并励和串励两个励磁绕组。若串励绕组产生的磁通势与并励绕组产生的磁通势方向相同,则称为积复励;若两个磁通势方向相反,则称为差复励。不同励磁方式的直流电机有着不同的特性。直流电动机的主要励磁方式是并励式、串励式和复励式,直流发电机的主要励磁方式是他励式、并励式和复励式。复励发电机中多以并励磁通为主,串励磁通只是一少部分;复励电动机中有时以并励为主,有时以串励为主。以并励为主的复励电机具有较大的转矩,但转速变化不大,主要用于冲床、刨床、印刷机等。以串励为主的复励电机具有与串励电机接近的特性,但没有"飞车"危险,常用于吊车、电梯中。小容量直流电机的励磁也有采用永久磁铁的,为永磁电机。直流电机的额定电压有110V、220V、330V、440V等。目前我国推广应用的直流电机是Z4系列,它适合用硅整流器供电,采用F级绝缘。与过去的Z2系列相比,具有效率高、噪声低、体积小、质量轻等优点。

思政教育

> 如同电动机类型一样,技术落后就要被淘汰,择优选择,是每个行业的生存之道,我们唯有通过不断创新,优化电机技术,才能跻身电气行业的前端,才能让我们的企业立于不败之地。

(三)直流电机的工作原理

图5-21是直流电机的工作原理图。在固定的磁极中间放着电枢,其铁芯外表面嵌放着电枢绕组。绕组的两个引出端分别与两个相互绝缘的换向器片连接。外加电源通过两只固定的电刷(A,B)分别与换向器片紧密接触,向绕组供

直流电机的工作原理

给直流电。因电刷固定,电刷 A(正极)总是与 N 极下的线圈边接触,电刷 B(负极)总是与 S 极下的线圈边接触。

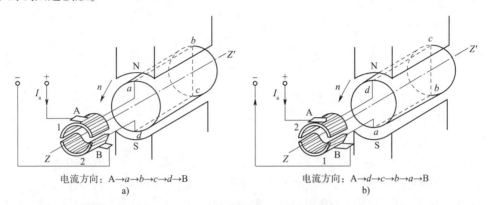

图 5-21 直流电机工作原理图

在图 5-21a)的直流电机中,给 A、B 的电刷加上直流电源,则有直流电流从电刷 A 流入,经过线圈 abcd,从电刷 B 流出,根据电磁力定律,载流导体 ab 和 cd 受到电磁力的作用,其方向可由左手定则判定,两段导体受到的力形成一个转矩,使得转子逆时针转动。

如果转子转过 180°在图 5-21b)的位置,电刷 A 和换向片 2 接触,电刷 B 和换向片 1 接触,直流电流从电刷 A 流入,在线圈中的流动方向是 dcba,从电刷 B 流出。此时载流导体 ab 和 cd 受到电磁力的作用,方向同样可由左手定则判定,它们产生的转矩仍然使得转子逆时针转动。这就是直流电机的工作原理。

从上述分析可以看出,转子上外加的电源是直流的,但由于电刷和换向片的作用,在转子线圈中流过的电流是交变的,其产生转矩的方向却是不变的。实际直流电机转子上的绕组是由多个线圈连接而成,以减小电机电磁转矩的波动。

(四)直流电机的反转、起动和转速控制

1. 反转控制

电动状态下,直流电机的旋转方向与电磁转矩方向一致,根据电磁转矩公式[式(5-1)]可知,其方向与电枢电流、主磁极磁场的方向有关:

$$T_{em} = K_T \Phi I_a \tag{5-1}$$

式中:T_{em}——电磁转矩;
　　　K_T——转矩常数;
　　　Φ——磁通量;
　　　I_a——电枢电流。

因此可知,电机的旋转方向取决于电枢电流的方向和主磁极磁场的方向,任意改变其中一个物理量的方向,就可使电机反转。通常并励电机是改变电枢电流方向使电机反转,这是因为励磁电路的电感很大,换接时将会产生很高的电动势,可能把绝缘击穿。串励电机可改变其励磁绕组的电流方向来实现反转。

2. 起动控制

电机起动的瞬间，转速 $n=0$，故 $E_a=K_e\Phi n=0$，此时电枢电流称为起动电流 I_{st}，由式 $I_a=\dfrac{U-E_a}{R_a}$ 得：

$$I_{st}=\dfrac{U}{R_a} \tag{5-2}$$

式中：I_{st}——起动电流；
　　　U——供电电压；
　　　R_a——电枢电阻。

根据式(5-2)可知，由于电枢电阻 R_a 很小，因此起动电流可达额定值的 10~20 倍，会损坏换向器和电枢绕组等，并使供电线路的电压下降。因此，起动时可降低加在电枢绕组上的电压，或在电枢电路中串联起动变阻器，以限制起动电流。与他励电机相比，串励电机有较好的起动能力和较大的过载能力，但为减小起动电流，串励电机常常采用电路中串联起动电阻进行起动。

3. 转速控制

控制电源周期性地通断，可以给电机提供一个脉冲电源。如图 5-22 所示，脉冲宽度越大，提供给电机的平均电压越大，电机转速就越高。反之亦然，脉冲宽度越小，提供给电机的平均电压越小，电机转速就越低。因此，通过改变脉冲的宽度，从而可以间接控制电机的转速。

图 5-22　直流电机脉冲控制电压波形

(五) 直流电机在新能源汽车上的应用

直流电机汽车上有非常广泛的应用，例如电动车窗升降、电动刮水器和电动座椅等，都是由直流电机实现的功能。现今新能源汽车一般都使用电子助力转向，如图 5-23 所示，该转向系统通过控制电机输出相应大小的转矩和方向，从而产生辅助动力，使转向系统更加轻便，响应速度更加快捷。

图 5-23　新能源汽车电子助力转向

二、任务实施——直流电机控制电路原理与应用实训台实训

(一) 工作准备

(1) 防护装备：工作服、绝缘手套、绝缘劳保鞋、绝缘安全钩。
(2) 实施器材：新能源汽车直流电机控制实训台、直流电机转速控制实训板、可调电压锂

项目五 新能源汽车执行器

电池模块、三通道示波器、万用表等。

(3)辅助材料:连接导线。

所需要设备及工具见表5-2。

设备及工具清点表　　　　　　　　　　　表5-2

名称	数量	清点
新能源汽车直流电机控制实训台	1	□清点
直流电机转速控制实训板	1	□清点
可调电压锂电池模块	1	□清点
三通道示波器	1	□清点
万用表	1	□清点

(二)实施步骤

1. 工作任务

教师进行实训操作示范,指导完成相关学习任务。

2. 实训板的认知

(1)根据实训室的配备,分小组认识实训板的型号、规格和用途。

(2)根据实训室的条件,按照操作说明正确使用新能源汽车直流电机控制实训台。

3. 识读电路图

根据实训室的配备,分小组识读实训车辆(实训板)的直流电机工作电路。

4. 电路搭建及验证

(1)探究电机正转状态下,电机两端电压的特点。

(2)探究电机反转状态下,电机两端电压的特点。

(3)探究电机正转状态下,控制信号的特点。

(4)探究电机反转状态下,控制信号的特点。

5. 现场7S 管理

能够说出现场7S管理理念,并在实践过程中按要求执行。

 任务3　三相电机控制原理

📝 任务描述

电机及其控制系统是新能源汽车的核心部件,决定了汽车行驶的主要性能指标。相较于传统汽车,电机可以在较大的速度范围内高效产生转矩,所以新能源汽车不需要变速器,传动机构更简单,噪声低。

本实训通过搭建电路,测量三相电机的控制,使学生学习其基本驱动原理,并通过规范的操作,养成良好的职业素养。

一、知识准备

(一) 新能源汽车应用驱动电机的种类

新能源汽车驱动电机类型主要分为直流电机、交流异步电机、永磁同步电机和开关磁阻电机。目前交流异步感应电机和开关磁阻电机主要应用于新能源商用车,开关磁阻电机的实际装配应用较少;永磁同步电机主要应用于新能源乘用车。驱动电机系统是新能源汽车核心系统之一,其性能决定了爬坡能力、加速能力以及最高车速等汽车行驶的主要性能指标。

> **思政教育**
>
> 目前,国内的新能源汽车驱动电机技术在国际上是比较先进的,这是我们民族企业不断努力奋斗的结果,也是目前汽车工业我们比较引以为豪的一面。当然,我们不能骄傲,汽车技术远不止于此,还需砥砺前行,为中国的汽车发展贡献微薄之力。

1. 直流电机

直流电机是将直流电能转换为机械能的电机,因其良好的调速性能而在电力拖动装置中得到广泛应用,如图 5-24 所示。

(1) 直流电机的优点:
① 起动和调速性能好,调速范围广、平滑,过载能力较强,受电磁干扰影响小。
② 直流电机具有良好的起动特性和调速特性。
③ 直流电机的转矩比较大。
④ 维修比较便宜。
⑤ 直流电机的直流电相较交流电比较节能环保。

图 5-24 直流电机

(2) 直流电机的缺点:
① 直流电机制造比较贵,有电刷。
② 与异步电机比较,直流电机结构复杂,使用维护不方便,而且要用直流电源。
③ 复杂的结构限制了直流电机体积和质量的进一步减小,尤其是电刷和换向器的滑动接触造成了机械磨损和火花,使直流电动机的故障多、可靠性低、寿命短、维护工作量大。
④ 换向火花既造成了换向器的电腐蚀,还是一个无线电干扰源,会对周围的电气设备带来有害的影响。电机的容量越大、转速越高,问题就越严重。所以,普通直流电机的电刷和换向器限制了直流电机向高速度、大容量的发展。

总体而言,直流电机是种调速性能好、维修比较便宜、过载能力较强、受电磁干扰影响小,但是制造比较贵、有电刷、可靠性低、寿命短、维护工作量大的电机设备。

2. 交流异步电机

（1）交流异步电机的优点。

交流异步电机具有结构简单、制造容易、价格低廉、运行可靠、维护方便、坚固耐用等一系列优点。异步电机有较高的运行效率和较好的工作特性，从空载到满载范围内接近恒速运行，能满足大多数工农业生产机械的传动要求。

（2）交流异步电机的缺点。

与直流电机相比，交流异步电机起动性和调速性能较差；与同步电机相比，交流异步电机功率因数不高，在运行时必须向电网吸收滞后的无功功率，对电网运行不利。但随着科学技术的不断进步，异步电机调速技术的发展较快，在电网功率因数方面，也可以采用其他办法进行补偿。

（3）异步电机的应用。

作为电动机，其功率范围从几瓦到上万千瓦，是国民经济各行业和人们日常生活中应用最广泛的电动机，为多种机械设备和家用电器提供动力，如图 5-25 所示为三轮车交流异步电机。机床、中小型轧钢设备、风机、水泵、轻工机械、冶金和矿山机械等，大多采用三相异步电动机拖动；电风扇、洗衣机、电冰箱、空调器等家用电器中则广泛使用单相异步电动机。异步电机也可作为发电机，用于风力发电厂和小型水电站等。

图 5-25　三轮车交流异步电机

3. 永磁同步电机

永磁同步电机是以永磁体替代励磁绕组进行励磁。当永磁电机的三相定子绕组（各相差 120°电角度）通入频率为 f 的三相交流电后，将产生一个以同步转速推移的旋转磁场。稳态情况下，主极磁场随着旋转磁场同步转动，因此转子转速亦是同步转速，定子旋转磁场恒与永磁体建立的主极磁场保持相对静止，它们之间相互作用并产生电磁转矩，驱动电机旋转并进行能量转换。图 5-26 所示为永磁同步电机结构。

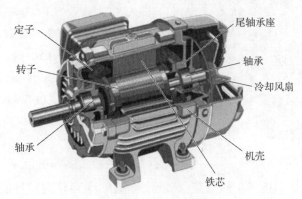

图 5-26　永磁同步电机结构

永磁同步电机（PMSM）作为一种高效率、高性能的电机，在许多应用中都受到了广泛关注。它具有以下优、缺点。

（1）优点。

①高效率：由于永磁体产生的磁场可以直接驱动转子，因此永磁同步电机比其他类型电

机(如感应电机)具有更高的效率。在高负载条件下,效率尤其明显。

②高功率密度:永磁同步电机在相同体积下可以产生更高的输出功率,因为它不需要输送大量的电流到转子上,这使得它成为许多紧凑型设备的理想选择。

③精准控制:永磁同步电机可以通过电子控制器精确地控制电流和速度,从而实现更好的控制和精度。

④高可靠性:由于永磁同步电机的结构相对简单,且没有电刷和滑动接触件,因此其寿命较长,维护成本也相对较低。

(2)缺点。

①高成本:永磁同步电机使用永磁体产生磁场,因此其成本比一般的感应电机高。

②适应性差:永磁同步电机对电网电压和频率的变化不太敏感,这限制了其在某些应用中的适用性。

③需要高精度控制器:永磁同步电机的控制需要高精度电子控制器,这增加了成本和复杂度。

总体来说,永磁同步电机具有高效率、高功率密度、精准控制和高可靠性等优点,但也存在成本高、适应性差和需要高精度控制器等缺点。针对具体应用场景,需要权衡各方面的因素来选择合适的电机类型。

4. 开关磁阻电机

(1)开关磁阻电机的结构。

开关磁阻电机是一种典型的机电一体化电机,又称"开关磁阻电机驱动系统",这种电机主要包括开关磁阻电机本体、功率变换器、转子位置传感器及控制器四部分。开关磁阻电机本体主要结构包括定子、转子、位置传感器、前后轴承、前后端盖和电机壳体等,如图5-27所示。其中,定子包括定子铁芯和绕组。定子铁芯和转子都采用凸极结构,定子凸极铁芯和转子都由硅钢片叠加而成,定子凸极上布置绕组,转子无绕组和永磁体。

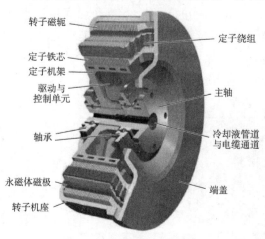

图5-27 开关磁阻电机的结构

(2)开关磁阻电机的优缺点。

开关磁阻电机的优点是:结构简单可靠,起动性能好,效率高,成本低,可以通过改变导通、关断角度和电压来调速,拥有较宽的调速范围和能力。开关磁阻电机的缺点是:转矩脉动较大,噪声较大。目前开关磁阻电机在一些小型电驱动车辆上使用,例如电驱动四轮代步车、巡逻车等。

(二)三相永磁同步电机的结构

永磁同步电机具有高效、高控制精度、高转矩密度、良好的转矩平稳性及低振动噪声的特点,通过合理设计永磁磁路结构能获得较高的弱磁性能,在电动汽车驱动方面具有很高的应用价值,受到国内外电动汽车业界的高度重视,是最具竞争力的电动汽车驱动电机系统之一。

永磁同步电机分为正弦波驱动电流的永磁同步电机和方波驱动电流的永磁同步电机。本书介绍的主要是三相正弦波驱动的永磁同步电机。

永磁同步电机内部的壳体上间隔绕制六匝线圈,对角的两匝线圈为一组,共三组,而且这三组线圈相互错开120°排列。

三相永磁同步电机的结构示意图如图5-28所示,和传统电机一样,主要由定子和转子两大部分构成。

1. 定子

定子与普通电机基本相同,由电枢铁芯和电枢绕组构成。电枢铁芯一般采用0.5mm硅钢冲片叠压而成,对于具有高效率指标或频率较高的电机,为了减少铁耗,可以考虑使用0.35mm的低损耗冷轧无取向硅钢片。电枢绕组则普遍采用分布、短距绕组;对于极数较多的电机,则普遍采用分数槽绕组;需要进一步改善电动势波形时,也可以考虑采用正弦绕组或其他特殊绕组。

2. 转子

转子主要由永磁体、转子铁芯和转轴等构成,如图5-29所示。其中永磁体主要采用铁氧体永磁和钕铁硼永磁材料;转子铁芯可根据磁极结构的不同,选用实心钢,或采用钢板或硅钢片冲制后叠压而成。

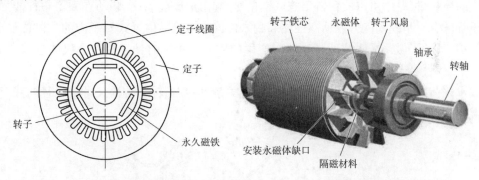

图5-28 三相永磁同步电机结构　　图5-29 三相永磁同步电机转子结构

与普通电机相比,永磁同步电机还必须装有转子永磁体位置检测器,用来检测磁极位置,并以此对电枢电流进行控制,达到对永磁同步电机驱动控制的目的。

按照永磁体在转子上位置的不同,永磁同步电机的磁极结构可分为表面式和内置式两种。

3. 表面式转子磁路结构

表面式转子磁路结构中,永磁体通常呈瓦片形,并位于转子铁芯的外表面上,永磁体提供磁通的方向为径向。表面式结构又分为凸出式和嵌入式两种,如图5-30所示。对采用稀土永磁材料的电机来说,由于永磁材料的相对回复磁导率接近1,所以表面凸出式转子在电磁性能上属于隐极转子结构;而嵌入式转子的相邻两永磁磁极间有着磁导率很大的铁磁材料,故在电磁性能上属于凸极转子结构。

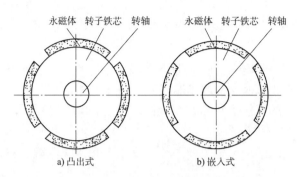

图 5-30　表面式转子磁路结构

表面凸出式转子结构具有结构简单、制造成本较低、转动惯量小等优点,在矩形波永磁同步电机和恒功率运行范围不宽的正弦波永磁同步电机中得到了广泛应用。此外,表面凸出式转子结构中的永磁磁极易于实现最优设计,使其成为能使电机气隙磁密波形趋近于正弦波的磁极形状,可显著提高电机乃至整个传动系统的性能。

表面嵌入式转子结构可充分利用转子磁路不对称性所产生的磁阻转矩,提高电机的功率密度,动态性能较凸出式转子结构有所改善,制造工艺也较简单,常被某些调速永磁同步电机所采用,但漏磁系数和制造成本都较凸出式大。

4. 内置式转子磁路结构

内置式转子结构的永磁体位于转子内部,永磁体外表面与定子铁芯内圆之间有铁磁物质制成的极靴,极靴中可以放置铸铝笼或铜条笼,起阻尼或起动作用,动态和稳态性能好,广泛用于要求有异步起动能力或动态性能高的永磁同步电机。内置式转子内的永磁体受到极靴的保护,其转子磁路结构的不对称性所产生的磁阻转矩也有助于提高电机的过载能力或功率密度,而且易于弱磁扩速。

按永磁体磁化方向与转子旋转方向的相互关系,内置式转子结构又可分为径向式、切向式和混合式三种,如图 5-31 所示。

图 5-31　内置式转子结构

径向式转子结构的永磁同步电机磁钢放在磁通轴的非对称位置上,或同时利用径向和切向充磁的磁钢,以产生高磁通密度。该结构的优点是漏磁系数小,转轴上无须采取隔磁措施,极弧系数易于控制,转子冲片机械强度高,安装永磁体后转子不易变形等。

切向式转子结构的转子有较大的惯性,漏磁系数较大,制造工艺和成本较径向式有所增加。其优点是一个极距下的磁通由相邻两个磁极并联提供,可得到更大的每极磁通。尤其当电机极数较多、径向式结构不能提供足够的每极磁通时,这种结构的优势就显得更为突出。此外,采用该结构的永磁同步电机磁阻转矩可占到总电磁转矩的 40%,对提高电机的功率密度和扩展恒功率运行范围都是很有利的。

混合式结构集中了径向式和切向式的优点,但结构和制造工艺都比较复杂,制造成本也比较高。

(三) 三相永磁同步电机的工作原理

当永磁同步电机其中一组线圈通电时,同一组且对角的两匝线圈会产生相异的磁极,吸引着转子朝磁极转动。当给三组线圈依次排列进行通电时,定子内部就会产生不断旋转的磁场,如图 5-32 所示。因此,在磁场力矩的作用下,转子会跟随磁场的变化而转动。

图 5-32　三相永磁同步电机磁场变化原理

实际应用中,转子并不是只有一根磁铁,而是多根磁铁嵌在定子上,转子的外壁就形成了等距离间隔的 S 极和 N 极,如图 5-33 所示。此时,三组线圈在三相交流电的通电下,产生旋转的磁场,使得转子稳定地旋转起来。

永磁同步电机的工作原理如图 5-34 所示,图中 n 为电机转速,n_0 为同步转速,T 为转矩,$θ$ 为功率角。电机的转子是一个永磁体,N、S 极沿圆周方向交替排列,定子可以看成是一个以速度 n_0 旋转的磁场。

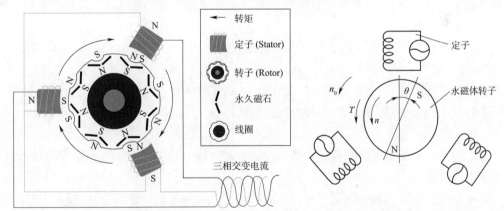

图 5-33　三相永磁同步电机工作原理　　图 5-34　三相永磁同步电机转速控制原理

电机运行时,定子存在旋转磁动势,转子像磁针在旋转磁场中旋转一样,随着定子的旋转磁场同步旋转。

同步电机转速可表示为:

$$n = n_0 = \frac{60f_s}{p_n} \tag{5-3}$$

式中:f_s——电源频率;

　　　p_n——电机极对数。

永磁同步电机的定子是三相对称绕组,三相正弦波电压在定子三相绕组中产生对称三相正弦波电流,并在气隙中产生旋转磁场。旋转磁场与已充磁的磁极作用,带动转子与旋转磁场同步旋转并力图使定、转子磁场轴线对齐。当外加负载转矩以后,转子磁场轴线将落后定子磁场轴线一个功率角,负载越大,功率角也越大,直到一个极限角度,电机停止。由此可见,同步电机在运行中,转速必须与频率严格成比例旋转,否则会失步停转。因此,电机转子的转速与旋转磁场同步,其静态误差为零。在负载扰动下,只是功率角变化,而不引起转速变化,它的响应时间是实时的。

(四)永磁同步电机的控制

为了提高永磁同步电机控制系统的性能,使其具有更快的响应速度、更高的转速精度、更宽的调速范围,提出了各种新型控制策略应用于永磁同步电机控制。永磁同步电机控制主要有转向控制、矢量控制、直接转矩控制、智能控制等。

1. 转向控制

三相电机转子跟随定子产生的旋转磁场转动,通过改变三相线的通电顺序,改变旋转磁场的转动方向,从而实现间接控制转子转向。或者需要改变旋转磁场的方向时,只需将接入的三相线任意两相进行交换,旋转磁场就会向相反的方向旋转。

2. 矢量控制

永磁同步电机矢量控制策略与异步电机矢量控制策略有些不同。由于永磁同步电机转速和电源频率严格同步,其转子转速等于旋转磁场转速,转差恒等于零,没有转差功率,控制效果受转子参数影响小。因此,在永磁同步电机上更容易实现矢量控制。

3. 直接转矩控制

直接转矩控制不需要矢量控制复杂的旋转坐标变换和转子磁链定向,转矩取代电流成为受控对象,电压矢量则是控制系统唯一的输入,直接控制转矩和磁链的增加或减小,但是转矩和磁链并不解耦,对电机模型进行简化处理,没有PWM信号发生器,控制结构简单,受电机参数变化影响小,能够获得极佳的动态性能。

4. 智能控制

为了提高永磁同步电机的控制性能和控制精度,模糊控制、神经网络控制等开始应用于同步电机的控制。

采用智能控制方法的永磁同步电机控制系统,在多环控制结构中,智能控制器处于最外环充当速度控制器,而内环电流控制、转矩控制仍采用PI(比例积分)控制、直接转矩控制这些方法。这主要是因为外环是决定系统的根本因素,而内环主要的作用是改造对象特性以利于外环的控制,各种扰动给内环带来的误差可以由外环控制或抑制。

在永磁同步电机系统中应用智能控制时,也不能完全摒弃传统的控制方法,必须将两者很好地结合起来,才能彼此取长补短,使系统的性能达到最优。

(五)三相永磁同步电机在新能源汽车上的应用

三相永磁同步电机广泛应用于新能源汽车动力系统中,永磁同步电机的转子连接着汽车的复合行星齿轮传动机构,经过减速器和差速器后连接车轮。通过调整电流的大小和频率就可以大范围地调整电机的旋转速度和功率,从而驱动汽车行驶。

北京汽车集团有限公司推出的首款 B 级电动汽车——绅宝 EV,如图 5-35 所示。该车搭载了大容量三元锂离子动力蓄电池、高效率永磁同步电机,其峰值功率输出达 40kW,峰值转矩为 127N·m,并匹配电动汽车特有的减速器。该车最高车速为 130km/h,满电情况下,最大续驶里程为 150km。

宝马 i3 纯电动汽车是宝马公司第一款综合了环保技术以及功能性创新的量产车,如图 5-36 所示。该车采用后置后驱的布置形式,永磁同步电机位于后桥后方,最大输出功率为 125kW,最大输出转矩为 250N·m,搭载了一套 22kW·h 的锂离子电池,0～100km/h 的加速时间为 7.2s,最高车速为 150km/h,在一次充满电的情况下,续驶里程为 130～160km。

图 5-35　北汽绅宝 EV 纯电动汽车

图 5-36　宝马 i3 纯电动汽车

二、任务实施——三相电机控制原理实训板实训

(一)工作准备

(1)防护装备:工作服、绝缘手套、绝缘劳保鞋、绝缘安全钩。

(2)实施器材:新能源汽车三相电机驱动实训台、可调电压锂离子电池模块、三通道示波器、万用表等。

(3)辅助材料:连接导线。

所需要设备及工具见表 5-3。

设备及工具清点表　　　　　　　　　　　　　　　　表 5-3

名称	数量	清点
新能源汽车三相电机驱动实训台	1	□清点
可调电压锂离子电池模块	1	□清点
三通道示波器	1	□清点
万用表	1	□清点

(二)实施步骤

1. 工作任务

教师进行实训操作示范,指导完成相关学习任务。

2. 实训板的认知

(1)根据实训室的配备,分小组认识实训板的型号、规格和用途。

(2)根据实训室的条件,按照操作说明正确使用新能源汽车三相电机驱动实训台。

3. 识读电路图

根据实训室的配备,分小组识读实训车辆(实训板)的三相电机驱动系统。

4. 电路搭建及验证

(1)探究三相电机驱动电源的特征。

(2)探究三相电源与电机转速的关系。

(3)探究电机转速与转速脉冲信号的关系。

5. 现场7S管理

能够说出现场7S管理理念,并在实践过程中按要求执行。

习题

一、填空题

1. 维修开关,布置于动力蓄电池组中间,主要作用是在进行_____的维修项目时,可以手动拔出维修开关,从而切断_____电源,避免维修人员发生触电意外。

2. 高压互锁指的是通过使用_____来检测高压系统的完整性。

3. 直流电机具有调速性能好、起动转矩较大的特点,它的_____可以根据需要在很宽的范围内方便均匀地进行调节。

4. 直流电机的结构主要由_____和_____两大部分组成。

5. 主磁极的作用是产生恒定、有一定空间分布形状的气隙磁通密度,即产生_____。

二、判断题

1. 直流电机是能实现直流电能和机械能互相转换的电机。 ( )

2. 电枢铁芯是主磁通的一部分,同时对放置在其上的电枢绕组起支撑作用。 ( )

3. 在电机中每一个线圈称为一个元件,多个元件有规律地连接起来形成电枢绕组。 ( )

4. 永磁同步电机主要应用于新能源商用车。 ( )

5. 当永磁电机的三相定子绕组,通入频率为 f 的三相交流电后,将产生一个以异步转速推移的旋转磁场。 ( )

6. 开关磁阻电动机是一种典型的机电一体化电动机。 ( )

7. 按永磁体磁化方向与转子旋转方向的相互关系,内置式转子结构又可分为径向式和切向式两种。 ( )

三、选择题

1. 直流电机的( )是电机实现机电能量转换的枢纽,所以常称之为电枢。
   A. 定子　　　　B. 转子　　　　C. 主磁极　　　　D. 换向器

2. 开关磁阻电动机主要包括开关磁阻电动机本体、功率变换器、( )及控制器四部分。
   A. 定子　　　　B. 转子　　　　C. 转子位置传感器　D. 换向器

3. 表面式转子磁路结构中,永磁体通常呈( ),并位于转子铁芯的外表面上。
   A. 正方形　　　B. 圆柱形　　　C. 瓦片形　　　　D. 扇形

任 务 工 单

项目一　新能源汽车电工基础知识认知与应用

任务1　电路及其电学参数的测量

学生姓名		班级		学号	
实训场地		学时		日期	
客户任务	熟悉新能源汽车电路及其电学参数相关的基本知识，能够详细地介绍新能源汽车电工电子实训台和数字式万用表的结构功能与使用方法，并能按正确的操作规程进行电路的搭建和电学参数的测量，熟悉现场7S管理理念和注意生产安全				
工作准备	(1)防护装备:常规实训着装。 (2)车辆、台架、总成:无。 (3)专用工具、设备:新能源汽车电工电子实训台、数字式万用表。 (4)手工工具:无。 (5)辅助材料:无				
任务要求	(1)运用新能源汽车电工电子实训台，完成串联电路和并联电路的搭建。 (2)运用数字式万用表，进行负载(如:灯泡、电动机等)的电压、电流、电阻的测量				

请阅读教材中的"相关知识"，完成以下内容。

(1)请写出电路的组成及各组成部分的作用。

_____
_____
_____

(2)简述电路的三种工作状态。

_____
_____
_____

(3)简述直流电压与交流电压的区别。
_____
_____
_____

(4)请简述数字式万用表通常具备哪些检测功能。
_____
_____
_____

计划和决策

请根据任务要求,确定所需要的场地和物品,并对小组成员进行合理分工,制订详细的工作计划。

一、制订人员分工方案

小组编号:_____ 小组组长:_____
小组成员:_____ 你的任务:_____

二、检查场地与物品

1. 场地
检查工作场地是否清洁及是否存在安全隐患。
记录:_____

2. 设备
检查实训设备是否完好,功能是否正常。
记录:_____

3. 防护
检查个人防护和设备、场地防护。
记录:_____

4. 安全要求及注意事项
实训过程中规范操作和注意用电安全,实训期间禁止嬉戏打闹。

三、制订工作方案

根据任务,小组进行讨论,确定工作方案(流程/工序),并记录。
_____
_____
_____

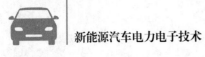

新能源汽车电力电子技术

📓 **实施和检查**

根据制订的工作计划实施,完成以下任务并记录。

(1)根据给定的新能源汽车电工电子实训台,绘制串联电路和并联电路。

_____

_____

(2)在新能源汽车电工电子实训台上完成串联电路和并联电路的搭建。

作业项目	作业内容(电子图片粘贴)		完成情况评价
并联电路		负载电压	
		负载电流	
		负载电阻	

📓 **评估**

根据任务完成情况,学生进行自我评分,教师或指定组长过程巡视/验收检查时,若发现问题直接扣分。

基本信息	姓名		学号		班级		组别	
	规定时间		完成时间		考核日期		总评成绩	
	情境模拟	电路的连接与测量						
	考核方式	分组进行,单人操作,小组成员与教师参与考评						
	考核项目	评分标准	教师和同学评判			分数	得分	
态度	团队合作	是否和谐	能和谐共事		不能	1分		
	拓展发言	是否精彩	精彩		不精彩	1分		
	沟通讨论	是否积极	积极		不积极	1分		
	设备安全	有无损坏	无损坏		有损坏	1分		
	人身安全	有无损伤	有		无	2分		
	生产纪律	是否守纪	能遵守		不能遵守	2分		
	现场7S	是否做到	能做到		不能做到	2分		
	评估项目	自我评估	小组评估		教师评估	分数	得分	
实际操作	资讯					10分		
	计划和决策					10分		

续上表

	评估项目	自我评估	小组评估	教师评估	分数	得分
实际操作	实施和检查				40分	
	工具使用	测试工具、检测设备等使用是否正确	完全正确	基本正确	不正确	10分	
	操作过程记录	操作过程记录是否完整	完整	一般	没记录	10分	
自我总结					10分	
老师点评	签名：					

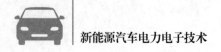

任务2　磁路及电磁现象

学生姓名		班级		学号	
实训场地		学时		日期	
客户任务	熟悉新能源汽车电路、磁路及电磁感应现象相关的基本知识，能够规范熟练地使用新能源汽车电工电子实训台（电磁感应传感器实训板）与数字式万用表，并能按正确的操作规程进行电磁感应传感器的检测，熟悉现场7S管理理念和注意生产安全					
工作准备	(1)防护装备:常规实训着装。 (2)车辆、台架、总成:无。 (3)专用工具、设备:新能源汽车电工电子实训台、数字式万用表。 (4)手工工具:无。 (5)辅助材料:无					
任务要求	(1)运用新能源汽车电工电子实训台(电磁感应传感器实训板)，完成电磁感应传感器检测电路的搭建。 (2)运用数字式万用表，进行电磁感应传感器的检测					

📔 资讯

请阅读教材中的"知识准备"，完成以下内容。
(1)请写出磁力线的特点。

_____

_____

(2)请简述安培定则。

_____

_____

(3)请简述磁路的电磁感应强度与磁场强度。

_____

_____

📔 计划和决策

请根据任务要求，确定所需要的场地和物品，并对小组成员进行合理分工，制订详细的工作计划。

一、制订人员分工方案

小组编号:＿＿＿＿＿＿＿＿＿＿＿＿＿＿　小组组长:＿＿＿＿＿＿＿＿＿＿＿＿＿＿

小组成员:＿＿＿＿＿＿＿＿＿＿＿＿＿＿　你的任务:＿＿＿＿＿＿＿＿＿＿＿＿＿＿

二、检查场地与物品

1. 场地

检查工作场地是否清洁及是否存在安全隐患。

记录:＿＿＿＿＿＿＿＿＿＿＿＿＿＿＿＿＿＿＿＿＿＿＿＿＿＿＿＿＿＿＿＿＿＿＿＿

2. 设备

检查实训设备是否完好,功能是否正常。

记录:＿＿＿＿＿＿＿＿＿＿＿＿＿＿＿＿＿＿＿＿＿＿＿＿＿＿＿＿＿＿＿＿＿＿＿＿

3. 防护

检查个人防护和设备、场地防护。

记录:＿＿＿＿＿＿＿＿＿＿＿＿＿＿＿＿＿＿＿＿＿＿＿＿＿＿＿＿＿＿＿＿＿＿＿＿

4 安全要求及注意事项

实训过程中规范操作和注意用电安全,实训期间禁止嬉戏打闹。

三、制订工作方案

根据任务,小组进行讨论,确定工作方案(流程/工序),并记录。

＿＿

＿＿

＿＿

实施和检查

根据制订的工作计划实施,完成以下任务并记录。

(1)根据给定的新能源汽车电工电子实训台(电磁感应传感器实训板),绘制电磁感应传感器的检测电路。

＿＿

＿＿

(2)在新能源汽车电工电子实训台(电磁感应传感器实训板)上完成电磁感应传感器检测电路的搭建。

作业项目	作业内容（电子图片粘贴）		完成情况评价
测量电磁感应传感器的工作电压		工作电压	
判断电磁感应传感器工作时有无磁性		是否正常	

根据任务完成情况，学生进行自我评分，教师或指定组长过程巡视/验收检查时，若发现问题直接扣分。

基本信息	姓名		学号		班级		组别	
	规定时间		完成时间		考核日期		总评成绩	
	情境模拟	电路的连接与测量						
	考核方式	分组进行，单人操作，小组成员与教师参与考评						
考核项目		评分标准	教师和同学评判			分数	得分
---	---	---	---	---	---	---	---
态度	团队合作	是否和谐	能和谐共事		不能	1分	
	拓展发言	是否精彩	精彩		不精彩	1分	
	沟通讨论	是否积极	积极		不积极	1分	
	设备安全	有无损坏	无损坏		有损坏	1分	
	人身安全	有无损伤	有		无	2分	
	生产纪律	是否守纪	能遵守		不能遵守	2分	
	现场7S	是否做到	能做到		不能做到	2分	
评估项目		自我评估	小组评估		教师评估	分数	得分
---	---	---	---	---	---	---	---
实际操作	资讯					10分	
	计划和决策					10分	
	实施和检查					40分	
	工具使用	测试工具、检测设备等使用是否正确	完全正确		基本正确	不正确	10分	
	操作过程记录	操作过程记录是否完整	完整		一般	没记录	10分	
自我总结						10分	
老师点评		签名：					

任务3　变压器的原理与认知

学生姓名		班级		学号	
实训场地		学时		日期	
客户任务	熟悉新能源汽车上的变压器种类与功能,变压器及其电学参数的相关知识,能够规范熟练地使用新能源汽车电工电子实训台(变压器实训板)与数字式万用表,并能按正确的操作规程进行变压器的检测,熟悉现场7S管理理念和注意生产安全				
工作准备	(1)防护装备:常规实训着装。 (2)车辆、台架、总成:无。 (3)专用工具、设备:电气实验箱、数字式万用表。 (4)手工工具:无。 (5)辅助材料:无				
任务要求	(1)运用新能源汽车电工电子实训台(变压器实训板),完成变压器的检测电路搭建。 (2)运用数字式万用表,进行变压器的检测				

资讯

请阅读教材中的"知识准备",完成以下内容。
(1)请写出变压器的电压变换、电流变换与阻抗变换。

_____

_____

(2)请简述变压器的结构组成与工作原理。

_____

_____

(3)请简述旋转变压器的结构组成与工作原理。

_____

_____

计划和决策

请根据任务要求,确定所需要的场地和物品,并对小组成员进行合理分工,制订详细的工作计划。

一、制订人员分工方案

小组编号：_____ 小组组长：_____
小组成员：_____ 你的任务：_____

二、检查场地与物品

1. 场地
检查工作场地是否清洁及是否存在安全隐患。
记录：_____

2. 设备
检查实训设备是否完好，功能是否正常。
记录：_____

3. 防护
检查个人防护和设备、场地防护。
记录：_____

4. 安全要求及注意事项
实训过程中规范操作和注意用电安全，实训期间禁止嬉戏打闹。

三、制订工作方案

根据任务，小组进行讨论，确定工作方案(流程/工序)，并记录。
_____
_____
_____

实施和检查

根据制订的计划实施，完成以下任务并记录。
(1)根据给定的新能源汽车电工电子实训台(变压器实训板)，绘制变压器的检测电路。
_____
_____
_____

(2)在新能源汽车电工电子实训台(变压器实训板)上完成变压器检测电路的搭建。

作业项目	作业内容(电子图片粘贴)		完成情况评价
测量变压器的输入电压		输入电压	
测量变压器的输出电压		输出电压	
计算变压器的匝数比		变压比	

评估

根据任务完成情况,学生进行自我评分,教师或指定组长过程巡视/验收检查时,若发现问题直接扣分。

基本信息	姓名		学号		班级		组别	
	规定时间		完成时间		考核日期		总评成绩	
	情境模拟	电路的连接与测量						
	考核方式	分组进行,单人操作,小组成员与教师参与考评						
考核项目		评分标准	教师和同学评判			分数	得分
态度	团队合作	是否和谐	能和谐共事		不能	1分	
	拓展发言	是否精彩	精彩		不精彩	1分	
	沟通讨论	是否积极	积极		不积极	1分	
	设备安全	有无损坏	无损坏		有损坏	1分	
	人身安全	有无损伤	有		无	2分	
	生产纪律	是否守纪	能遵守		不能遵守	2分	
	现场7S	是否做到	能做到		不能做到	2分	
	评估项目	自我评估	小组评估		教师评估	分数	得分
实际操作	资讯					10分	
	计划和决策					10分	
	实施和检查					40分	
	工具使用	测试工具、检测设备等使用是否正确	完全正确		基本正确	不正确	10分	
	操作过程记录	操作过程记录是否完整	完整		一般	没记录	10分	
	自我总结					10分	
	老师点评	签名:					

任务4　继电器的原理与认知

学生姓名		班级		学号	
实训场地		学时		日期	
客户任务	熟悉继电器的结构与工作原理,能够根据所提供的新能源汽车电工电子实训台(继电器实训板)与数字式万用表,绘制出继电器的电路图,并能连接好继电器的实物电路,完成继电器的检测,在检测过程中,严格执行现场7S管理理念和注意生产安全				
工作准备	(1)防护装备:常规实训着装。 (2)车辆、台架、总成:无。 (3)专用工具、设备:新能源汽车电工电子实训台与数字式万用表等。 (4)手工工具:无。 (5)辅助材料:无				
任务要求	(1)根据继电器的结构与工作原理,搭建继电器检测的实物电路 (2)完成继电器的检测				

资讯

请阅读教材中的"知识准备",完成以下内容。
(1)简述继电器的类型。
_____
_____

(2)请写出电磁继电器的结构与工作原理。
_____
_____

(3)举例说明继电器在汽车上的应用。
_____
_____

计划和决策

请根据任务要求,确定所需要的场地和物品,并对小组成员进行合理分工,制订详细的工作计划。

一、制订人员分工方案

小组编号：_____ 小组组长：_____
小组成员：_____ 你的任务：_____

二、检查场地与物品

1. 场地

检查工作场地是否清洁及是否存在安全隐患。

记录：_____

2. 设备

检查实训设备是否完好，功能是否正常。

记录：_____

3. 防护

检查个人防护和设备、场地防护。

记录：_____

4. 安全要求及注意事项

实训过程中规范操作和注意用电安全，实训期间禁止嬉戏打闹。

三、制订工作方案

根据任务，小组进行讨论，确定工作方案(流程/工序)，并记录。

_____
_____
_____

实施和检查

根据制订的计划实施，完成以下任务并记录。

(1)根据电磁继电器的结构与工作原理，绘制继电器的检测电路。

_____
_____

(2)根据给定的新能源汽车电工电子实训台(继电器实训板)，搭建继电器的实物检测电路，完成继电器的检测。

作业项目	作业内容(电子图片粘贴)		完成情况评价
继电器的线圈是否正常		线圈电压	
		线圈电流	
		导通情况	
继电器的开关是否正常		开关电压	
		开关电流	
继电器工作是否正常		是否正常	

根据任务完成情况,学生进行自我评分,教师或指定组长过程巡视/验收检查时,若发现问题直接扣分。

基本信息	姓名		学号		班级		组别	
	规定时间		完成时间		考核日期		总评成绩	
	情境模拟	电路的连接与测量						
	考核方式	分组进行,单人操作,小组成员与教师参与考评						
考核项目		评分标准	教师和同学评判			分数	得分	
态度	团队合作	是否和谐	能和谐共事		不能	1分		
	拓展发言	是否精彩	精彩		不精彩	1分		
	沟通讨论	是否积极	积极		不积极	1分		
	设备安全	有无损坏	无损坏		有损坏	1分		
	人身安全	有无损伤	有		无	2分		
	生产纪律	是否守纪	能遵守		不能遵守	2分		
	现场7S	是否做到	能做到		不能做到	2分		
评估项目		自我评估	小组评估		教师评估	分数	得分	
实际操作	资讯					10分		
	计划和决策					10分		
	实施和检查					40分		
	工具使用	测试工具、检测设备等使用是否正确	完全正确		基本正确	不正确	10分	
	操作过程记录	操作过程记录是否完整	完整		一般	没记录	10分	
自我总结						10分		
老师点评		签名:						

任务5　用电安全与防护

学生姓名		班级		学号	
实训场地		学时		日期	
客户任务	熟悉新能源汽车上分布的低压电路与高压电路,在进行新能源汽车的检测与维修过程中,需要使用的绝缘垫和绝缘工具套组等预防触电事故发生的工具。任务中,我们需要运用绝缘测试来确定绝缘垫和绝缘工具套组等工具的完好性与安全性				
工作准备	(1)防护装备:常规实训着装。 (2)车辆、台架、总成:无。 (3)专用工具、设备:绝缘测试仪及说明书、绝缘垫、绝缘工具套组等。 (4)手工工具:无。 (5)辅助材料:无				
任务要求	(1)熟练规范地使用绝缘测试仪。 (2)运用绝缘测试仪,对绝缘垫和绝缘工具套组等工具进行绝缘测试				

请阅读教材中的"知识准备",完成以下内容。

(1)请写出人体的安全电压及其影响因素。

(2)请简述人体触电的条件。

(3)请简述触电事故的预防措施。

(4)请简述人体触电后的解救措施。

计划和决策

请根据任务要求,确定所需要的场地和物品,并对小组成员进行合理分工,制订详细的工作计划。

一、制订人员分工方案

小组编号:_____   小组组长:_____
小组成员:_____   你的任务:_____

二、检查场地与物品

1. 场地
检查工作场地是否清洁及是否存在安全隐患。
记录:_____

2. 设备
检查实训设备是否完好,功能是否正常。
记录:_____

3. 防护
检查个人防护和设备、场地防护。
记录:_____

4. 安全要求及注意事项
实训过程中规范操作和注意用电安全,实训期间禁止嬉戏打闹。

三、制订工作方案

根据任务,小组进行讨论,确定工作方案(流程/工序),并记录。
_____
_____

实施和检查

根据制订的计划实施,完成以下任务并记录。
(1)根据给定的绝缘测试仪,描述其规范使用方法。
_____
_____

(2)利用绝缘测试仪,完成绝缘垫和绝缘工具套组等工具的绝缘测试。

作业项目	作业内容(电子图片粘贴)		完成情况评价
绝缘垫的绝缘测试		耐压等级	
		绝缘电阻	
		绝缘性	
绝缘工具套组的绝缘测试		耐压等级	
		绝缘电阻	
		绝缘性	

 评估

根据任务完成情况,学生进行自我评分,教师或指定组长过程巡视/验收检查时,若发现问题直接扣分。

基本信息	姓名		学号		班级		组别	
	规定时间		完成时间		考核日期		总评成绩	
	情境模拟	电路的连接与测量						
	考核方式	分组进行,单人操作,小组成员与教师参与考评						
考核项目		评分标准	教师和同学评判				分数	得分
态度	团队合作	是否和谐	能和谐共事		不能		1分	
	拓展发言	是否精彩	精彩		不精彩		1分	
	沟通讨论	是否积极	积极		不积极		1分	
	设备安全	有无损坏	无损坏		有损坏		1分	
	人身安全	有无损伤	有		无		2分	
	生产纪律	是否守纪	能遵守		不能遵守		2分	
	现场7S	是否做到	能做到		不能做到		2分	
评估项目		自我评估	小组评估		教师评估		分数	得分
实际操作	资讯						10分	
	计划和决策						10分	
	实施和检查						40分	
	工具使用	测试工具、检测设备等使用是否正确	完全正确		基本正确		不正确	10分	
	操作过程记录	操作过程记录是否完整	完整		一般		没记录	10分	
	自我总结						10分	
	老师点评	签名:						

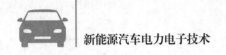

项目二　新能源汽车典型电子器件应用与检测

任务1　电容器应用与检测

学生姓名		班级		学号	
实训场地		学时		日期	
客户任务	熟悉电容器的参数及相关的基本知识,能够详细地介绍新能源汽车电工电子实训台和数字式万用表的结构功能与使用方法,并能按正确的操作规程进行电容器充放电电路的连接与测量,熟悉现场7S管理理念和注意生产安全					
工作准备	(1)防护装备:常规实训着装。 (2)车辆、台架、总成:无。 (3)专用工具、设备:新能源汽车电工电子实训台、数字式万用表。 (4)手工工具:无。 (5)辅助材料:无					
任务要求	(1)运用新能源汽车电工电子实训台,完成电容器充放电电路的搭建。 (2)运用数字式万用表,进行充放电电路电压、电流、电阻的测量					

资讯

请阅读教材中的"知识准备",完成以下内容。
(1)请写出组成电容器充放电电路的基本元件及其作用。

(2)简述电容器充放电过程。

(3)简述超级电容器与电容器的区别。

计划和决策

请根据任务要求,确定所需要的场地和物品,并对小组成员进行合理分工,制订详细的工作计划。

一、制订人员分工方案

小组编号:_____ 小组组长:_____
小组成员:_____ 你的任务:_____

二、检查场地与物品

1. 场地
检查工作场地是否清洁及是否存在安全隐患。
记录:_____

2. 设备
检查实训设备是否完好,功能是否正常。
记录:_____

3. 防护
检查个人防护和设备、场地防护。
记录:_____

4. 安全要求及注意事项
实训过程中规范操作和注意用电安全,实训期间禁止嬉戏打闹。

三、制订工作方案

根据任务,小组进行讨论,确定工作方案(流程/工序),并记录。
_____
_____
_____

实施和检查

根据制订的计划实施,完成以下任务并记录。
(1)根据给定的新能源汽车电工电子实训台,绘制充电电路和放电电路。
_____
_____
_____

（2）在新能源汽车电工电子实训台上完成电容器充放电电路的搭建。

作业项目	作业内容（电子图片粘贴）		完成情况评价
充电电路		电源电压	
		充电电流	
		电容容量	
放电电路		放电电压	
		放电电流	
		负载电阻	

根据任务完成情况，学生进行自我评分，教师或指定组长过程巡视/验收检查时，若发现问题直接扣分。

基本信息	姓名		学号		班级		组别	
	规定时间		完成时间		考核日期		总评成绩	
	情境模拟	电路的连接与测量						
	考核方式	分组进行，单人操作，小组成员与教师参与考评						
考核项目		评分标准	教师和同学评判			分数	得分	
态度	团队合作	是否和谐	能和谐共事		不能	1分		
	拓展发言	是否精彩	精彩		不精彩	1分		
	沟通讨论	是否积极	积极		不积极	1分		
	设备安全	有无损坏	无损坏		有损坏	1分		
	人身安全	有无损伤	有		无	2分		
	生产纪律	是否守纪	能遵守		不能遵守	2分		
	现场7S	是否做到	能做到		不能做到	2分		
	评估项目	自我评估	小组评估		教师评估	分数	得分	
实际操作	资讯					10分		
	计划和决策					10分		
	实施和检查					40分		
	工具使用	测试工具、检测设备等使用是否正确	完全正确		基本正确	不正确	10分	
	操作过程记录	操作过程记录是否完整	完整		一般	没记录	10分	
	自我总结					10分		
	老师点评	签名：						

任务2　电感器应用与检测

学生姓名		班级		学号	
实训场地		学时		日期	
客户任务	熟悉变压器的参数及相关的基本知识,能够详细地介绍新能源汽车电工电子实训台与数字式万用表的结构功能,并能按正确的操作规程进行变压器相关电路的连接与测量,熟悉现场7S管理理念和注意生产安全				
工作准备	(1)防护装备:常规实训着装。 (2)车辆、台架、总成:无。 (3)专用工具、设备:新能源汽车电工电子实训台、数字式万用表。 (4)手工工具:无。 (5)辅助材料:无				
任务要求	(1)运用新能源汽车电工电子实训台,完成变压器相关电路的搭建。 (2)运用数字式万用表,进行变压器空载试验、短路试验和负载试验电流、电压数据测量				

资讯

请阅读教材中的"知识准备",完成以下内容。
(1)请写出组成变压器的基本元件及其作用。
_____
_____
_____

(2)简述变压器的工作原理。
_____
_____
_____

计划和决策

请根据任务要求,确定所需要的场地和物品,并对小组成员进行合理分工,制订详细的工作计划。

一、制订人员分工方案

小组编号:_____　　　　小组组长:_____
小组成员:_____　　　　你的任务:_____

二、检查场地与物品

1. 场地

检查工作场地是否清洁及是否存在安全隐患。

记录：_____

2. 设备

检查实训设备是否完好,功能是否正常。

记录：_____

3. 防护

检查个人防护和设备、场地防护。

记录：_____

4. 安全要求及注意事项

实训过程中规范操作和注意用电安全,实训期间禁止嬉戏打闹。

三、制订工作方案

根据任务,小组进行讨论,确定工作方案(流程/工序),并记录。

_____

_____

实施和检查

根据制订的计划实施,完成以下任务并记录。

(1)根据给定的新能源汽车电工电子实训台,绘制变压器相关电路。

_____

_____

(2)在新能源汽车电工电子实训台上完成变压器相关电路的搭建。

作业项目	作业内容(电子图片粘贴)		完成情况评价
空载电路		输入电压	
		输入电流	
		输出电压	
短路电路		输入电压	
		输入电流	
		负载电阻	

续上表

作业项目	作业内容(电子图片粘贴)		完成情况评价
负载电路		输入电压	
		输入电流	
		输出电压	
		输出电流	

评估

根据任务完成情况,学生进行自我评分,教师或指定组长过程巡视/验收检查时,若发现问题直接扣分。

基本信息	姓名		学号		班级		组别	
	规定时间		完成时间		考核日期		总评成绩	
	情境模拟	电路的连接与测量						
	考核方式	分组进行,单人操作,小组成员与教师参与考评						
	考核项目	评分标准	教师和同学评判			分数	得分	
态度	团队合作	是否和谐	能和谐共事		不能	1分		
	拓展发言	是否精彩	精彩		不精彩	1分		
	沟通讨论	是否积极	积极		不积极	1分		
	设备安全	有无损坏	无损坏		有损坏	1分		
	人身安全	有无损伤	有		无	2分		
	生产纪律	是否守纪	能遵守		不能遵守	2分		
	现场7S	是否做到	能做到		不能做到	2分		
	评估项目	自我评估	小组评估		教师评估	分数	得分	
实际操作	资讯					10分		
	计划和决策					10分		
	实施和检查					40分		
	工具使用	测试工具、检测设备等使用是否正确	完全正确		基本正确	不正确	10分	
	操作过程记录	操作过程记录是否完整	完整		一般	没记录	10分	
	自我总结					10分		
	老师点评	签名:						

任务3　二极管应用与检测

学生姓名		班级		学号	
实训场地		学时		日期	
客户任务	熟悉电容器的参数及相关的基本知识,能够详细地介绍新能源汽车电工电子实训台与数字式万用表的结构功能,并能按正确的操作规程进行二极管工作电路的连接与测量,熟悉现场7S管理理念和注意生产安全					
工作准备	(1)防护装备:常规实训着装。 (2)车辆、台架、总成:无。 (3)专用工具、设备:新能源汽车电工电子实训台、数字式万用表。 (4)手工工具:无。 (5)辅助材料:无					
任务要求	(1)运用新能源汽车电工电子实训台,完成二极管工作电路的搭建。 (2)运用数字式万用表,进行二极管导通性、二极管工作电路电阻与二极管的电压测量					

资讯

请阅读教材中的"知识准备",完成以下内容。

(1)简述二极管的单向导通性。

_____

_____

(2)简述二极管的开通和关断特性。

_____

_____

(3)简述二极管的主要参数。

_____

_____

_____

计划和决策

请根据任务要求,确定所需要的场地和物品,并对小组成员进行合理分工,制订详细的工作计划。

一、制订人员分工方案

小组编号:_____　　小组组长:_____

小组成员：_____   你的任务：_____

二、检查场地与物品

1. 场地
检查工作场地是否清洁及是否存在安全隐患。
记录：_____

2. 设备
检查实训设备是否完好，功能是否正常。
记录：_____

3. 防护
检查个人防护和设备、场地防护。
记录：_____

4. 安全要求及注意事项
实训过程中规范操作和注意用电安全，实训期间禁止嬉戏打闹。

三、制订工作方案

根据任务，小组进行讨论，确定工作方案（流程/工序），并记录。

_____

_____

实施和检查

根据制订的计划实施，完成以下任务并记录。

（1）根据给定的新能源汽车电工电子实训台，绘制二极管工作电路。

_____

_____

（2）在新能源汽车电工电子实训台上完成二极管工作电路的搭建。

作业项目	作业内容（电子图片粘贴）		完成情况评价
1kΩ 电阻		电阻两端电压	
		二极管两端电压	
		电路电流	

续上表

作业项目	作业内容(电子图片粘贴)		完成情况评价
10kΩ 电阻	电阻两端电压		
	二极管两端电压		
	电路电流		

根据任务完成情况,学生进行自我评分,教师或指定组长过程巡视/验收检查时,若发现问题直接扣分。

基本信息	姓名		学号		班级		组别	
	规定时间		完成时间		考核日期		总评成绩	
	情境模拟	电路的连接与测量						
	考核方式	分组进行,单人操作,小组成员与教师参与考评						
考核项目		评分标准	教师和同学评判			分数	得分	
态度	团队合作	是否和谐	能和谐共事		不能		1分	
	拓展发言	是否精彩	精彩		不精彩		1分	
	沟通讨论	是否积极	积极		不积极		1分	
	设备安全	有无损坏	无损坏		有损坏		1分	
	人身安全	有无损伤	有		无		2分	
	生产纪律	是否守纪	能遵守		不能遵守		2分	
	现场7S	是否做到	能做到		不能做到		2分	
评估项目		自我评估	小组评估		教师评估		分数	得分
实际操作	资讯						10分	
	计划和决策						10分	
	实施和检查						40分	
	工具使用	测试工具、检测设备等使用是否正确	完全正确		基本正确	不正确	10分	
	操作过程记录	操作过程记录是否完整	完整		一般	没记录	10分	
自我总结							10分	
老师点评	签名:							

任务4　三极管应用与检测

学生姓名		班级		学号	
实训场地		学时		日期	
客户任务	熟悉电容器的参数及相关的基本知识,能够详细地介绍新能源汽车电工电子实训台与数字式万用表的结构功能,并能按正确的操作规程进行三极管放大电路的连接与测量,熟悉现场7S管理理念和注意生产安全				
工作准备	(1)防护装备:常规实训着装。 (2)车辆、台架、总成:无。 (3)专用工具、设备:新能源汽车电工电子实训台、数字式万用表。 (4)手工工具:无。 (5)辅助材料:无				
任务要求	(1)运用新能源汽车电工电子实训台,完成电容器充放电电路的搭建。 (2)运用数字式万用表,进行负载(如:灯泡、电动机等)电压、电流、电阻的测量				

 资讯

请阅读教材中的"知识准备",完成以下内容。
(1)简述三极管的三种状态。
_____
_____
_____

(2)简述三极管的放大作用。
_____
_____
_____

(3)简述三极管基本放大电路的工作原理。
_____
_____
_____
_____

计划和决策

请根据任务要求,确定所需要的场地和物品,并对小组成员进行合理分工,制订详细的工作计划。

一、制订人员分工方案

小组编号:_____　　小组组长:_____

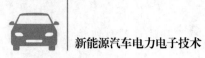

小组成员：_____ 你的任务：_____

二、检查场地与物品

1. 场地
检查工作场地是否清洁及是否存在安全隐患。
记录：_____

2. 设备
检查实训设备是否完好，功能是否正常。
记录：_____

3. 防护
检查个人防护和设备、场地防护。
记录：_____

4. 安全要求及注意事项
实训过程中规范操作和注意用电安全，实训期间禁止嬉戏打闹。

三、制订工作方案

根据任务，小组进行讨论，确定工作方案（流程/工序），并记录。

_____
_____
_____

实施和检查

根据制订的计划实施，完成以下任务并记录。
（1）根据给定的新能源汽车电工电子实训台，绘制三极管基本放大电路。

_____
_____
_____

（2）在新能源汽车电工电子实训台上完成三极管基本放大电路的搭建。

作业项目	作业内容（电子图片粘贴）		完成情况评价
三极管基本放大电路		电流 I_{BQ}	
		电压 U_{BEQ}	
		电流 I_{CQ}	
		电压 U_{CEQ}	

 评估

根据任务完成情况,学生进行自我评分,教师或指定组长过程巡视/验收检查时,若发现问题直接扣分。

基本信息	姓名		学号		班级		组别		
	规定时间		完成时间		考核日期		总评成绩		
	情境模拟	电路的连接与测量							
	考核方式	分组进行,单人操作,小组成员与教师参与考评							
	考核项目	评分标准	教师和同学评判				分数	得分	
态度	团队合作	是否和谐	能和谐共事		不能		1分		
	拓展发言	是否精彩	精彩		不精彩		1分		
	沟通讨论	是否积极	积极		不积极		1分		
	设备安全	有无损坏	无损坏		有损坏		1分		
	人身安全	有无损伤	有		无		2分		
	生产纪律	是否守纪	能遵守		不能遵守		2分		
	现场7S	是否做到	能做到		不能做到		2分		
	评估项目	自我评估	小组评估		教师评估		分数	得分	
实际操作	资讯						10分		
	计划和决策						10分		
	实施和检查						40分		
	工具使用	测试工具、检测设备等使用是否正确	完全正确		基本正确	不正确	10分		
	操作过程记录	操作过程记录是否完整	完整		一般	没记录	10分		
自我总结							10分		
老师点评									
	签名:								

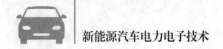

任务5　晶闸管应用与检测

学生姓名		班级		学号	
实训场地		学时		日期	
客户任务	熟悉电容器的参数及相关的基本知识,能够详细地介绍新能源汽车电工电子实训台与数字式万用表的结构功能,并能按正确的操作规程进行电容器充放电电路的连接与测量,熟悉现场7S管理理念和注意生产安全				
工作准备	(1)防护装备:常规实训着装。 (2)车辆、台架、总成:无。 (3)专用工具、设备:新能源汽车电工电子实训台、数字式万用表。 (4)手工工具:无。 (5)辅助材料:无。				
任务要求	(1)运用新能源汽车电工电子实训台,完成晶闸管导通和关断电路的搭建。 (2)运用数字式万用表,进行晶闸管各极电压的测量				

请阅读教材中的"知识准备",完成以下内容。
(1)简述晶闸管的导通原理。
_____
_____

(2)简述晶闸管开通和关断的特点。
_____
_____

(3)简述晶闸管的伏安特性。
_____
_____
_____

计划和决策

请根据任务要求,确定所需要的场地和物品,并对小组成员进行合理分工,制订详细的工作计划。

一、制订人员分工方案

小组编号:_____　　小组组长:_____

小组成员：＿＿＿＿＿＿＿＿＿＿＿＿＿＿ 你的任务：＿＿＿＿＿＿＿＿＿＿＿＿＿＿

二、检查场地与物品

1. 场地
检查工作场地是否清洁及是否存在安全隐患。
记录：＿＿＿＿＿＿＿＿＿＿＿＿＿＿＿＿＿＿＿＿＿＿＿＿＿＿＿＿＿＿＿＿＿＿＿＿

2. 设备
检查实训设备是否完好，功能是否正常。
记录：＿＿＿＿＿＿＿＿＿＿＿＿＿＿＿＿＿＿＿＿＿＿＿＿＿＿＿＿＿＿＿＿＿＿＿＿

3. 防护
检查个人防护和设备、场地防护。
记录：＿＿＿＿＿＿＿＿＿＿＿＿＿＿＿＿＿＿＿＿＿＿＿＿＿＿＿＿＿＿＿＿＿＿＿＿

4. 安全要求及注意事项
实训过程中规范操作和注意用电安全，实训期间禁止嬉戏打闹。

三、制订工作方案

根据任务，小组进行讨论，确定工作方案（流程/工序），并记录。

＿＿＿
＿＿＿
＿＿＿

实施和检查

根据制订的计划实施，完成以下任务并记录。

(1) 根据给定的新能源汽车电工电子实训台，绘制晶闸管的导通和关断电路。

＿＿＿
＿＿＿

(2) 在新能源汽车电工电子实训台上完成电容器充放电电路的搭建。

作业项目	作业内容（电子图片粘贴）				完成情况评价
	阳极	阴极	门极	是否导通	
	正	负	开路		
晶闸管导通	正	负	正		
和关断电路	正	负	负		
放电电路	负	正	开路		
	负	正	正		
	负	正	负		

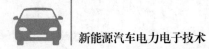

 评估

根据任务完成情况,学生进行自我评分,教师或指定组长过程巡视/验收检查时,若发现问题直接扣分。

基本信息	姓名		学号		班级		组别	
	规定时间		完成时间		考核日期		总评成绩	
	情境模拟	电路的连接与测量						
	考核方式	分组进行,单人操作,小组成员与教师参与考评						
	考核项目	评分标准	教师和同学评判				分数	得分
态度	团队合作	是否和谐	能和谐共事		不能		1分	
	拓展发言	是否精彩	精彩		不精彩		1分	
	沟通讨论	是否积极	积极		不积极		1分	
	设备安全	有无损坏	无损坏		有损坏		1分	
	人身安全	有无损伤	有		无		2分	
	生产纪律	是否守纪	能遵守		不能遵守		2分	
	现场7S	是否做到	能做到		不能做到		2分	
	评估项目	自我评估	小组评估		教师评估		分数	得分
实际操作	资讯						10分	
	计划和决策						10分	
	实施和检查						40分	
	工具使用	测试工具、检测设备等使用是否正确	完全正确		基本正确	不正确	10分	
	操作过程记录	操作过程记录是否完整	完整		一般	没记录	10分	
自我总结							10分	
老师点评								
	签名:							

任务6　场效应晶体管应用与检测

学生姓名		班级		学号	
实训场地		学时		日期	
客户任务	熟悉电容器的参数及相关的基本知识,能够详细地介绍新能源汽车电工电子实训台与数字式万用表的结构功能,并能按正确的操作规程进行场效应晶体管各个电极间电阻的测量,熟悉现场7S管理理念和注意生产安全				
工作准备	(1)防护装备:常规实训着装。 (2)车辆、台架、总成:无。 (3)专用工具、设备:新能源汽车电工电子实训台、数字式万用表。 (4)手工工具:无。 (5)辅助材料:无。				
任务要求	(1)运用新能源汽车电工电子实训台,完成电容器充放电电路的搭建。 (2)运用数字式万用表,进行负载(如:灯泡、电动机等)的电压、电流、电阻的测量				

 资讯

请阅读教材中的"知识准备",完成以下内容。
(1)简述场效应晶体管的基本结构。
_____
_____
_____

(2)简述场效应晶体管的工作原理。
_____
_____
_____

(3)场效应晶体管输出特性主要包括哪三个区域?
_____
_____
_____

计划和决策

请根据任务要求,确定所需要的场地和物品,并对小组成员进行合理分工,制订详细的工作计划。

一、制订人员分工方案

小组编号:_____　　小组组长:_____

新能源汽车电力电子技术

小组成员：_____ 你的任务：_____

二、检查场地与物品

1. 场地

检查工作场地是否清洁及是否存在安全隐患。

记录：_____

2. 设备

检查实训设备是否完好，功能是否正常。

记录：_____

3. 防护

检查个人防护和设备、场地防护。

记录：_____

4. 安全要求及注意事项

实训过程中规范操作和注意用电安全，实训期间禁止嬉戏打闹。

三、制订工作方案

根据任务，小组进行讨论，确定工作方案（流程/工序），并记录。

_____
_____

实施和检查

根据制订的计划实施，完成以下任务并记录。

(1) 根据给定的新能源汽车电工电子实训台，绘制场效应晶体管基本结构。

_____
_____

(2) 在新能源汽车电工电子实训台上完成场效应晶体管的测量。

作业项目	作业内容（电子图片粘贴）			完成情况评价
场效应晶体管的测量		极间	电阻值(Ω)	
		G极与S极		
		G极与D极		
		D极与S极		
G极判定依据				
场效应晶体管好坏判定依据				

174

评估

根据任务完成情况,学生进行自我评分,教师或指定组长过程巡视/验收检查时,若发现问题直接扣分。

基本信息	姓名		学号		班级		组别	
	规定时间		完成时间		考核日期		总评成绩	
	情境模拟	电路的连接与测量						
	考核方式	分组进行,单人操作,小组成员与教师参与考评						
	考核项目	评分标准	教师和同学评判			分数	得分	
态度	团队合作	是否和谐	能和谐共事		不能	1分		
	拓展发言	是否精彩	精彩		不精彩	1分		
	沟通讨论	是否积极	积极		不积极	1分		
	设备安全	有无损坏	无损坏		有损坏	1分		
	人身安全	有无损伤	有		无	2分		
	生产纪律	是否守纪	能遵守		不能遵守	2分		
	现场7S	是否做到	能做到		不能做到	2分		
	评估项目	自我评估	小组评估		教师评估	分数	得分	
实际操作	资讯					10分		
	计划和决策					10分		
	实施和检查					40分		
	工具使用	测试工具、检测设备等使用是否正确	完全正确		基本正确	不正确	10分	
	操作过程记录	操作过程记录是否完整	完整		一般	没记录	10分	
自我总结						10分		
老师点评		签名:						

项目三　新能源汽车典型电子电路应用与检测

任务1　整流电路应用与检测

学生姓名		班级		学号	
实训场地		学时		日期	
客户任务	熟悉三相桥式全控整流电路的接线、器件和保护情况;明确对触发脉冲的要求;掌握电力电子电路调试的方法;观察在电阻负载、电阻电感负载情况下输出电压和电流的波形				
工作准备	(1)防护装备:常规实训着装。 (2)车辆、台架、总成:无。 (3)专用工具、设备:MCL-Ⅲ教学实验台主控制屏、电阻、双踪示波器、万用表。 (4)手工工具:无。 (5)辅助材料:无。				
任务要求	(1)运用 MCL-Ⅲ教学实验台主控制屏、电阻、双踪示波器、万用表等完成三相桥式全控整流电路的搭建。 (2)观察整流状态下,模拟电路故障现象时的波形				

请阅读教材中的"知识准备",完成以下内容。

(1)作出整流电路的输入—输出特性 $U_d/U_2 = f(a)$。

(2)画出三相桥式全控整流电路在电阻负载和阻感负载的情况下,触发角为 30°时的 U_d、U_{VT} 波形。

(3)画出三相桥式全控整流电路在电阻负载和阻感负载的情况下,角为 60°时的 U_d、U_{VT} 波形。

(4)画出三相桥式全控整流电路在电阻负载和阻感负载的情况下,角为90°时的 U_d、U_{VT} 波形。

_____
_____
_____

(5)简单分析模拟故障现象(晶闸管)。

_____
_____
_____

计划和决策

请根据任务要求,确定所需要的场地和物品,并对小组成员进行合理分工,制订详细的工作计划。

一、制订人员分工方案

小组编号:_____   小组组长:_____

小组成员:_____   你的任务:_____

二、检查场地与物品

1. 场地
检查工作场地是否清洁及是否存在安全隐患。
记录:_____

2. 设备
检查实训设备是否完好,功能是否正常。
记录:_____

3. 防护
检查个人防护和设备、场地防护。
记录:_____

4. 安全要求及注意事项
实训过程中规范操作和注意用电安全,实训期间禁止嬉戏打闹。

三、制订工作方案

根据任务,小组进行讨论,确定工作方案(流程/工序),并记录。

_____
_____
_____

新能源汽车电力电子技术

实施和检查

根据制订的计划实施,完成以下任务并记录。

(1)根据给定的电子工作平台,绘制全控整流电路。

_____
_____
_____

(2)在电子工作平台上完成全控整流电路的搭建和测试。

作业项目	作业内容(电子图片粘贴)		完成情况评价
全控整流电路平台的搭建		挡位选择	
		输入设置	
		输出设置	
全控整流电路测量数据的记录		整流电压	
		晶闸管电压	
		峰值电压	

评估

根据任务完成情况,学生自我评分,教师或指定组长过程巡视/验收检查时,若发现问题直接扣分。

基本信息	姓名		学号		班级		组别	
	规定时间		完成时间		考核日期		总评成绩	
	情境模拟	电路的连接与测量						
	考核方式	分组进行,单人操作,小组成员与教师参与考评						
考核项目		评分标准	教师和同学评判				分数	得分
态度	团队合作	是否和谐	能和谐共事		不能		1分	
	拓展发言	是否精彩	精彩		不精彩		1分	
	沟通讨论	是否积极	积极		不积极		1分	
	设备安全	有无损坏	无损坏		有损坏		1分	
	人身安全	有无损伤	有		无		2分	
	生产纪律	是否守纪	能遵守		不能遵守		2分	
	现场7S	是否做到	能做到		不能做到		2分	

续上表

评估项目		自我评估	小组评估	教师评估	分数	得分
实际操作	资讯				10分	
	计划和决策				10分	
	实施和检查				40分	
	工具使用	测试工具、检测设备等使用是否正确	完全正确	基本正确	不正确	10分	
	操作过程记录	操作过程记录是否完整	完整	一般	没记录	10分	
自我总结					10分	
老师点评		签名：				

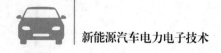

任务2 逆变电路应用与检测

学生姓名		班级		学号	
实训场地		学时		日期	
客户任务	熟悉 MCL-18,MCL-33 组件;熟悉三相桥式有源逆变电路的接线及工作原理;了解集成触发器的调整方法及各点波形;观察逆变状态下,模拟电路故障现象时的波形				
工作准备	(1)防护装备:常规实训着装。 (2)可调电阻器、变压器、数字式万用表、双踪示波器。 (3)专用工具、设备:MCL 系列教学实验台主控制屏、MCL-18 组件、MCL-33(A)组件、数字式万用表。 (4)手工工具:无。 (5)辅助材料:无。				
任务要求	(1)了解集成触发器的调整方法及各点波形。 (2)观察逆变状态下,模拟电路故障现象时的波形。				

请阅读教材中的"知识准备",完成以下内容。
(1)画出电路的移相特性 $U_d = f(a)$ 曲线。

(2)画出三相桥式有源逆变电路时,β 角为 90°、60°、30°时的 U_d、U_{VT1} 波形。

(3)分析模拟故障现象。

(4)请简述三相桥式有源逆变电路的工作过程。

📋 计划和决策

请根据任务要求,确定所需要的场地和物品,并对小组成员进行合理分工,制订详细的工作计划。

一、制订人员分工方案

小组编号:_____　　小组组长:_____
小组成员:_____　　你的任务:_____

二、检查场地与物品

1. 场地
检查工作场地是否清洁及是否存在安全隐患。
记录:_____

2. 设备
检查实训设备是否完好,功能是否正常。
记录:_____

3. 防护
检查个人防护和设备、场地防护。
记录:_____

4. 安全要求及注意事项
实训过程中规范操作和注意用电安全,实训期间禁止嬉戏打闹。

三、制订工作方案

根据任务,小组进行讨论,确定工作方案(流程/工序),并记录。
_____
_____
_____

📋 实施和检查

根据制订的计划实施,完成以下任务并记录。
(1)调节 U_{CT},观察 $\alpha = 90°$、$120°$、$150°$ 时,电路中 U_d、U_{VT} 的波形,并记录相应的 U_d、U_2 数值。
_____
_____
_____

（2）在电子工作平台上完成半波整流电路的搭建和测试。

作业项目	作业内容（电子图片粘贴）		完成情况评价
三相桥式有源逆变电路平台的搭建		给定电压	
		脉冲观察	
		相序检查	
三相桥式有源逆变电路测量数据的记录		U_d、U_{VT}波形	
		移相特性	
		故障现象	

 评估

根据任务完成情况，学生进行自我评分，教师或指定组长过程巡视/验收检查时，若发现问题直接扣分。

基本信息	姓名		学号		班级		组别	
	规定时间		完成时间		考核日期		总评成绩	
	情境模拟	电路的连接与测量						
	考核方式	分组进行，单人操作，小组成员与教师参与考评						
	考核项目	评分标准	教师和同学评判			分数	得分	
态度	团队合作	是否和谐	能和谐共事		不能	1分		
	拓展发言	是否精彩	精彩		不精彩	1分		
	沟通讨论	是否积极	积极		不积极	1分		
	设备安全	有无损坏	无损坏		有损坏	1分		
	人身安全	有无损伤	有		无	2分		
	生产纪律	是否守纪	能遵守		不能遵守	2分		
	现场7S	是否做到	能做到		不能做到	2分		
	评估项目	自我评估	小组评估		教师评估	分数	得分	
实际操作	资讯					10分		
	计划和决策					10分		
	实施和检查					40分		
	工具使用	测试工具、检测设备等使用是否正确	完全正确		基本正确	不正确	10分	
	操作过程记录	操作过程记录是否完整	完整		一般	没记录	10分	
	自我总结					10分		
	老师点评	签名：						

任务3 稳压电路应用与检测

学生姓名		班级		学号	
实训场地		学时		日期	
客户任务	熟悉新能源汽车电路及其电学参数相关的基本知识,能够详细地介绍稳压二极管的作用和工作原理,并能将稳压二极管的端口正确连接到测试电路中,将测试电源的正极连接到稳压管的正极,负极连接到稳压管,熟悉现场7S管理理念和注意生产安全				
工作准备	(1)防护装备:常规实训着装。 (2)可调电源、万用表、固定电阻值电阻。 (3)专用工具、设备:固定电阻值电阻、数字式万用表。 (4)手工工具:无。 (5)辅助材料:无				
任务要求	(1)运用可调电源,完成稳压二极管测试电路的搭建。 (2)运用数字式万用表,进行稳压二极管稳定电压、反向漏电电流、正向电阻的测量和反向电阻的测量				

资讯

请阅读教材中的"知识准备",完成以下内容。
(1)请写出稳压二极管测试电路的组成及各组成部分的作用。

(2)简述稳压二极管测试电路的测量参数。

(3)简述稳压二极管稳定电压的测量方法。

(4)请简述稳压二极管反向漏电电流的测量方法。

📓 计划和决策

请根据任务要求,确定所需要的场地和物品,并对小组成员进行合理分工,制订详细的工作计划。

一、制订人员分工方案

小组编号:＿＿＿＿＿＿＿＿＿＿＿＿＿ 小组组长:＿＿＿＿＿＿＿＿＿＿＿＿＿

小组成员:＿＿＿＿＿＿＿＿＿＿＿＿＿ 你的任务:＿＿＿＿＿＿＿＿＿＿＿＿＿

二、检查场地与物品

1. 场地

检查工作场地是否清洁及是否存在安全隐患。

记录:＿＿＿＿＿＿＿＿＿＿＿＿＿＿＿＿＿＿＿＿＿＿＿＿＿＿＿＿＿＿＿＿

2. 设备

检查实训设备是否完好,功能是否正常。

记录:＿＿＿＿＿＿＿＿＿＿＿＿＿＿＿＿＿＿＿＿＿＿＿＿＿＿＿＿＿＿＿＿

3. 防护

检查个人防护和设备、场地防护。

记录:＿＿＿＿＿＿＿＿＿＿＿＿＿＿＿＿＿＿＿＿＿＿＿＿＿＿＿＿＿＿＿＿

4. 安全要求及注意事项

实训过程中规范操作和注意用电安全,实训期间禁止嬉戏打闹。

三、制订工作方案

根据任务,小组进行讨论,确定工作方案(流程/工序),并记录。

＿＿＿＿＿＿＿＿＿＿＿＿＿＿＿＿＿＿＿＿＿＿＿＿＿＿＿＿＿＿＿＿＿＿＿＿＿＿

＿＿＿＿＿＿＿＿＿＿＿＿＿＿＿＿＿＿＿＿＿＿＿＿＿＿＿＿＿＿＿＿＿＿＿＿＿＿

＿＿＿＿＿＿＿＿＿＿＿＿＿＿＿＿＿＿＿＿＿＿＿＿＿＿＿＿＿＿＿＿＿＿＿＿＿＿

📓 实施和检查

根据制订的计划实施,完成以下任务并记录。

(1)根据给定的元件器材,绘制稳压二极管测试电路。

＿＿＿＿＿＿＿＿＿＿＿＿＿＿＿＿＿＿＿＿＿＿＿＿＿＿＿＿＿＿＿＿＿＿＿＿＿＿

＿＿＿＿＿＿＿＿＿＿＿＿＿＿＿＿＿＿＿＿＿＿＿＿＿＿＿＿＿＿＿＿＿＿＿＿＿＿

＿＿＿＿＿＿＿＿＿＿＿＿＿＿＿＿＿＿＿＿＿＿＿＿＿＿＿＿＿＿＿＿＿＿＿＿＿＿

(2)根据给定的元件器材,进行稳压二极管测试电路的搭建。

作业项目	作业内容(电子图片粘贴)			完成情况评价
稳压二极管稳定电压测量		第一次测量值		
		第二次测量值		
		第三次测量值		
稳压二极管反向漏电电流测量		第一次测量值		
		第二次测量值		
		第三次测量值		
稳压二极管正向电阻测量		第一次测量值		
		第二次测量值		
		第三次测量值		
稳压二极管反向电阻测量		第一次测量值		
		第二次测量值		
		第三次测量值		

评估

根据任务完成情况,学生进行自我评分,教师或指定组长过程巡视/验收检查时,若发现问题直接扣分。

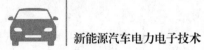

基本信息	姓名		学号		班级		组别	
	规定时间		完成时间		考核日期		总评成绩	
	情境模拟	电路的连接与测量						
	考核方式	分组进行,单人操作,小组成员与教师参与考评						
考核项目		评分标准	教师和同学评判			分数	得分	
态度	团队合作	是否和谐	能和谐共事		不能	1分		
	拓展发言	是否精彩	精彩		不精彩	1分		
	沟通讨论	是否积极	积极		不积极	1分		
	设备安全	有无损坏	无损坏		有损坏	1分		
	人身安全	有无损伤	有		无	2分		
	生产纪律	是否守纪	能遵守		不能遵守	2分		
	现场7S	是否做到	能做到		不能做到	2分		
评估项目		自我评估	小组评估		教师评估	分数	得分	
实际操作	资讯					10分		
	计划和决策					10分		
	实施和检查					40分		
	工具使用	测试工具、检测设备等使用是否正确	完全正确		基本正确	不正确	10分	
	操作过程记录	操作过程记录是否完整	完整		一般	没记录	10分	
自我总结						10分		
老师点评		签名:						

任务4　滤波电路应用与检测

学生姓名		班级		学号	
实训场地		学时		日期	
客户任务	一辆新能源汽车行驶几百米后，驱动电机功率限制灯和驱动电机过热灯亮，动力不足。经过维修人员检测，输出故障码为"P1C1352-电机水泵继电器故障"，判断为电机冷却水泵不工作导致，需要对电机冷却水泵控制电路进行检修				
工作准备	(1)防护装备：常规实训着装、绝缘鞋、绝缘帽、绝缘手套、护目镜。 (2)车辆、台架、总成：无。 (3)专用工具、设备：数字式万用表、解码器、防电工装。 (4)手工工具：无。 (5)辅助材料：叶子板护垫三件套、汽车内饰护套				
任务要求	(1)运用新能源汽车电工电子实训台，完成串联电路和并联电路的搭建。 (2)运用数字万用表，进行负载(如：灯泡、电动机等)电压、电流、电阻的测量。 (3)某待维修车辆出现电机冷却液温度过高、蓄电池电压过低的故障，对这些故障进行排查和修复。 (4)输出故障码为"P1C1352-电机水泵继电器故障"，判断为电机冷却水泵不工作导致，对电机冷却水泵控制电路进行检修				

资讯

请阅读教材中的"知识准备"，完成以下内容。
(1)请写出整车控制器有哪些输出信号。

_____
_____

(2)简述冷却水泵控制的工作原理。

_____
_____

(3)简述新能源汽车 DC/DC 控制的工作原理。

_____
_____

(4)简述新能源汽车 DC/DC 转向器的三个工作过程。

_____
_____

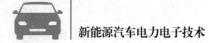

📔 计划和决策

请根据任务要求,确定所需要的场地和物品,并对小组成员进行合理分工,制订详细的工作计划。

一、制订人员分工方案

小组编号:_____ 小组组长:_____
小组成员:_____ 你的任务:_____

二、检查场地与物品

1. 场地
检查工作场地是否清洁及是否存在安全隐患。
记录:_____
2. 设备
检查实训设备是否完好,功能是否正常。
记录:_____
3. 防护
检查个人防护和设备、场地防护。
记录:_____
4. 安全要求及注意事项
实训过程中规范操作和注意用电安全,实训期间禁止嬉戏打闹。

三、制订工作方案

根据任务,小组进行讨论,确定工作方案(流程/工序),并记录。
_____
_____
_____

📔 实施和检查

根据制订的计划实施,完成以下任务并记录。
(1)根据操作规范要求,完成"P1C1352-电机水泵继电器故障"的作业计划。
_____
_____
_____

(2)请写出 DC/DC 控制电路检测过程。

作业项目	作业内容(电子图片粘贴)	完成情况评价
读取整车故障码,以记录故障码		
完成蓄电池静态电压测量		
完成 DC/DC 变换器输出电压测量		
检查蓄电池盒和高压控制盒熔断器		
检查电机控制器与 VCU 之间的线束		
检查 VCU 线束连接器(端子电压)		
检查 VCU 线束连接器(搭铁端子导通性)		
故障排查结果分析		
进行故障修复		
安装拆卸的部件,复原场地,整车上电,观察故障是否清除		

评估

根据任务完成情况,学生进行自我评分,教师或指定组长过程巡视/验收检查时,若发现问题直接扣分。

基本信息	姓名		学号		班级		组别	
	规定时间		完成时间		考核日期		总评成绩	
	情境模拟	电路的连接与测量						
	考核方式	分组进行,单人操作,小组成员与教师参与考评						
	考核项目	评分标准	教师和同学评判				分数	得分
态度	团队合作	是否和谐	能和谐共事		不能		1分	
	拓展发言	是否精彩	精彩		不精彩		1分	
	沟通讨论	是否积极	积极		不积极		1分	
	设备安全	有无损坏	无损坏		有损坏		1分	
	人身安全	有无损伤	有		无		2分	
	生产纪律	是否守纪	能遵守		不能遵守		2分	
	现场7S	是否做到	能做到		不能做到		2分	
	评估项目	自我评估	小组评估		教师评估		分数	得分
实际操作	资讯						10分	
	计划和决策						10分	
	实施和检查						40分	
	工具使用	测试工具、检测设备等使用是否正确	完全正确		基本正确	不正确	10分	
	操作过程记录	操作过程记录是否完整	完整		一般	没记录	10分	
自我总结							10分	
老师点评		签名:						

190

任务5　斩波电路应用与检测

学生姓名		班级		学号	
实训场地		学时		日期	
客户任务	熟悉六种斩波电路（Buck Chopper、Boost Chopper、Buck-Boost Chopper、Cuk Chopper、Sepic Chopper、Zeta Chopper）的工作原理,掌握这六种斩波电路的工作状态及波形情况,熟悉现场7S管理理念和注意生产安全				
工作准备	(1)防护装备:常规实训着装。 (2)车辆、台架、总成:无。 (3)专用工具、设备:电力电子教学试验台主控制屏、现代电力电子及直流脉宽调速组件(NMCL-22)、示波器、数字式万用表。 (4)手工工具:无。 (5)辅助材料:无				
任务要求	(1)SG3525芯片性能测试。用示波器测量,PWM波形发生器的"1"孔和地之间的波形。调节占空比调节旋钮,测量驱动波形的频率以及占空比的调节范围。 (2)斩波电路的波形观察及电压测试				

资讯

请阅读教材中的"知识准备",完成以下内容。

(1)请画出 Buck Chopper、Boost Chopper、Buck-Boost Chopper、Cuk Chopper、Sepic Chopper、Zeta Chopper 六种斩波电路。

____

____

(2)简述六种斩波电路的结构。

____

____

(3)简述六种斩波电路的区别。

____

____

(4)请简述 Buck Chopper 直流斩波电路中不同占空比条件下的负载电压理论值与实际值出现差别的原因。

____

____

📔 计划和决策

请根据任务要求,确定所需要的场地和物品,并对小组成员进行合理分工,制订详细的工作计划。

一、制订人员分工方案

小组编号:＿＿＿＿＿＿＿＿＿＿＿＿　　小组组长:＿＿＿＿＿＿＿＿＿＿＿＿

小组成员:＿＿＿＿＿＿＿＿＿＿＿＿　　你的任务:＿＿＿＿＿＿＿＿＿＿＿＿

二、检查场地与物品

1. 场地

检查工作场地是否清洁及是否存在安全隐患。

记录:＿＿＿＿＿＿＿＿＿＿＿＿＿＿＿＿＿＿＿＿＿＿＿＿＿＿＿＿＿＿＿＿＿

2. 设备

检查实训设备是否完好,功能是否正常。

记录:＿＿＿＿＿＿＿＿＿＿＿＿＿＿＿＿＿＿＿＿＿＿＿＿＿＿＿＿＿＿＿＿＿

3. 防护

检查个人防护和设备、场地防护。

记录:＿＿＿＿＿＿＿＿＿＿＿＿＿＿＿＿＿＿＿＿＿＿＿＿＿＿＿＿＿＿＿＿＿

4. 安全要求及注意事项

实训过程中规范操作和注意用电安全,实训期间禁止嬉戏打闹。

三、制订工作方案

根据任务,小组进行讨论,确定工作方案(流程/工序),并记录。

＿＿＿＿＿＿＿＿＿＿＿＿＿＿＿＿＿＿＿＿＿＿＿＿＿＿＿＿＿＿＿＿＿＿＿＿

＿＿＿＿＿＿＿＿＿＿＿＿＿＿＿＿＿＿＿＿＿＿＿＿＿＿＿＿＿＿＿＿＿＿＿＿

📔 实施和检查

根据制订的计划实施,完成以下任务并记录。

(1)简述六种斩波电路(Buck Chopper、Boost Chopper、Buck-Boost Chopper、Cuk Chopper、Sepic Chopper、Zeta Chopper)的工作原理。

＿＿＿＿＿＿＿＿＿＿＿＿＿＿＿＿＿＿＿＿＿＿＿＿＿＿＿＿＿＿＿＿＿＿＿＿

＿＿＿＿＿＿＿＿＿＿＿＿＿＿＿＿＿＿＿＿＿＿＿＿＿＿＿＿＿＿＿＿＿＿＿＿

（2）根据斩波器的电路图，取用相应的元件，完成六种斩波电路的搭建。

作业项目	作业内容（电子图片粘贴）		完成情况评价
Buck Chopper 斩波电路		占空比20% 负载电压	
		占空比50% 负载电压	
		占空比80% 负载电压	
Boost Chopper 斩波电路		占空比20% 负载电压	
		占空比50% 负载电压	
		占空比80% 负载电压	
Buck-Boost Chopper 斩波电路		占空比20% 负载电压	
		占空比50% 负载电压	
		占空比80% 负载电压	
Cuk Chopper 斩波电路		占空比20% 负载电压	
		占空比50% 负载电压	
		占空比80% 负载电压	
Sepic Chopper 斩波电路		占空比20% 负载电压	
		占空比50% 负载电压	
		占空比80% 负载电压	
Zeta Chopper 斩波电路		占空比20% 负载电压	
		占空比50% 负载电压	
		占空比80% 负载电压	

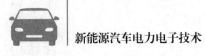

评估

根据任务完成情况,学生进行自我评分,教师或指定组长过程巡视/验收检查时,若发现问题直接扣分。

基本信息	姓名		学号		班级		组别	
	规定时间		完成时间		考核日期		总评成绩	
	情境模拟	电路的连接与测量						
	考核方式	分组进行,单人操作,小组成员与教师参与考评						
	考核项目	评分标准	教师和同学评判				分数	得分
态度	团队合作	是否和谐	能和谐共事		不能		1分	
	拓展发言	是否精彩	精彩		不精彩		1分	
	沟通讨论	是否积极	积极		不积极		1分	
	设备安全	有无损坏	无损坏		有损坏		1分	
	人身安全	有无损伤	有		无		2分	
	生产纪律	是否守纪	能遵守		不能遵守		2分	
	现场7S	是否做到	能做到		不能做到		2分	
	评估项目	自我评估	小组评估		教师评估		分数	得分
实际操作	资讯						10分	
	计划和决策						10分	
	实施和检查						40分	
	工具使用	测试工具、检测设备等使用是否正确	完全正确		基本正确		不正确	10分
	操作过程记录	操作过程记录是否完整	完整		一般		没记录	10分
自我总结							10分	
老师点评	签名:							

项目四　新能源汽车典型电压转换电路检测

任务1　DC-DC变换电路检测

学生姓名		班级		学号	
实训场地		学时		日期	
客户任务	熟悉新能源汽车DC-DC变换电路的基本知识，能够详细地介绍结构功能，阐述工作原理，识别维修手册电路图，并能按正确的操作规程进行电路故障的诊断与排除，熟悉现场7S管理理念和注意生产安全				
工作准备	(1)防护装备:常规实训着装。 (2)车辆、台架、总成:实训车辆。 (3)专用工具、设备:数字式万用表、绝缘测试仪、专用诊断仪、维修手册。 (4)手工工具:无。 (5)辅助材料:无				
任务要求	(1)辨识DC-DC转换器的安装位置，了解其结构功能与工作原理。 (2)运用相关电气检测设备，进行DC-DC转换器的电路检测				

资讯

请阅读教材中的"知识准备"，完成以下内容。

(1)简述DC-DC变换电路的作用。

(2)简述DC-DC变换电路的结构及工作原理。

(3)简述绝缘电阻的检测方法。

(4)简述DC-DC变换电路的一般检测方法。

📓 计划和决策

请根据任务要求,确定所需要的场地和物品,并对小组成员进行合理分工,制订详细的工作计划。

一、制订人员分工方案

小组编号:_____ 小组组长:_____
小组成员:_____ 你的任务:_____

二、检查场地与物品

1. 场地
检查工作场地是否清洁及是否存在安全隐患。
记录:_____

2. 设备
检查实训设备是否完好,功能是否正常。
记录:_____

3. 防护
检查个人防护和设备、场地防护。
记录:_____

4. 安全要求及注意事项
实训过程中规范操作和注意用电安全,实训期间禁止嬉戏打闹。

三、制订工作方案

根据任务,小组进行讨论,确定工作方案(流程/工序),并记录。
_____
_____

📓 实施和检查

根据制订的计划实施,完成以下任务并记录。
(1)DC-DC 转换器的外观检查。
_____
_____
_____

(2)绝缘电阻检测。

_____

_____

(3)DC-DC 高压熔断器的检查。

_____

_____

(4)DC-DC 转换器低压供电检查。

_____

_____

作业项目		作业内容(电子图片粘贴)	完成情况评价
外观检查			
绝缘电阻			
高压熔断器			
低压供电	供电电源		
	搭铁负极		
	使能信号		

评估

根据任务完成情况,学生进行自我评分,教师或指定组长过程巡视/验收检查时,若发现问题直接扣分。

基本信息	姓名		学号		班级		组别	
	规定时间		完成时间		考核日期		总评成绩	
	情境模拟	DC-DC 变换电路检测						
	考核方式	分组进行,单人操作,小组成员与教师参与考评						
	考核项目	评分标准	教师和同学评判				分数	得分
态度	团队合作	是否和谐	能和谐共事		不能		1分	
	拓展发言	是否精彩	精彩		不精彩		1分	
	沟通讨论	是否积极	积极		不积极		1分	
	设备安全	有无损坏	无损坏		有损坏		1分	
	人身安全	有无损伤	有		无		2分	
	生产纪律	是否守纪	能遵守		不能遵守		2分	
	现场7S	是否做到	能做到		不能做到		2分	

续上表

评估项目		自我评估	小组评估	教师评估	分数	得分
实际操作	资讯				10分	
	计划和决策				10分	
	实施和检查				40分	
	工具使用	测试工具、检测设备等使用是否正确	完全正确	基本正确	不正确	10分	
	操作过程记录	操作过程记录是否完整	完整	一般	没记录	10分	
自我总结					10分	
老师点评		签名：				

任务2　AC-DC变换电路检测

学生姓名		班级		学号	
实训场地		学时		日期	
客户任务	熟悉新能源汽车AC-DC变换电路(车载充电机)的基本知识,能够详细地介绍结构和功能特点,识别维修手册电路图,并能按正确的操作规程进行电路故障的诊断与排除,熟悉现场7S管理理念和注意生产安全				
工作准备	(1)防护装备:常规实训着装。 (2)车辆、台架、总成:实训车辆。 (3)专用工具、设备:数字式万用表、绝缘测试仪、专用诊断仪、维修手册。 (4)手工工具:无。 (5)辅助材料:无。				
任务要求	(1)辨识车载充电机的安装位置,了解其结构功能。 (2)运用相关电气检测设备,进行车载充电机的相关电路检测				

请阅读教材中的"知识准备",完成以下内容。
(1)简述车载充电机的特点与功能。
_____
_____

(2)简述车载充电机的充电方式。
_____
_____

(3)简述充电控制过程。
_____
_____

(4)简述AC-DC变换电路(车载充电机)的一般检测方法。
_____
_____

📓 **计划和决策**

请根据任务要求,确定所需要的场地和物品,并对小组成员进行合理分工,制订详细的工作计划。

一、制订人员分工方案

小组编号:_____　　小组组长:_____
小组成员:_____　　你的任务:_____

二、检查场地与物品

1. 场地
检查工作场地是否清洁及是否存在安全隐患。
记录:_____
2. 设备
检查实训设备是否完好,功能是否正常。
记录:_____
3. 防护
检查个人防护和设备、场地防护。
记录:_____
4. 安全要求及注意事项
实训过程中规范操作和注意用电安全,实训期间禁止嬉戏打闹。

三、制订工作方案

根据任务,小组进行讨论,确定工作方案(流程/工序),并记录。
_____
_____

📓 **实施和检查**

根据制订的计划实施,完成以下任务并记录。
(1)车载充电机外观及相关线束插接器检查。
_____
_____

(2) 车载充电机冷却风扇及冷却管路检查。

_____

_____

(3) 绝缘电阻检查。

_____

_____

(4) 工作指示灯检查。

_____

_____

(5) 充电感应信号检查。

_____

_____

(6) 车载充电机低压供电检查。

_____

_____

(7) 充电请求信号检查。

_____

_____

(8) CAN 通信线束检查。

_____

_____

作业项目	作业内容(电子图片粘贴)	完成情况评价
外观检查		
冷却系统		
绝缘电阻		
工作指示灯		
充电感应信号		
低压供电		
充电请求信号		
CAN 通信		

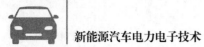

评估

根据任务完成情况,学生进行自我评分,教师或指定组长过程巡视/验收检查时,若发现问题直接扣分。

基本信息	姓名		学号		班级		组别		
	规定时间		完成时间		考核日期		总评成绩		
	情境模拟	AC-DC 变换电路检测							
	考核方式	分组进行,单人操作,小组成员与教师参与考评							
	考核项目	评分标准	教师和同学评判				分数	得分	
态度	团队合作	是否和谐	能和谐共事		不能		1 分		
	拓展发言	是否精彩	精彩		不精彩		1 分		
	沟通讨论	是否积极	积极		不积极		1 分		
	设备安全	有无损坏	无损坏		有损坏		1 分		
	人身安全	有无损伤	有		无		2 分		
	生产纪律	是否守纪	能遵守		不能遵守		2 分		
	现场 7S	是否做到	能做到		不能做到		2 分		
	评估项目	自我评估	小组评估		教师评估		分数	得分	
实际操作	资讯						10 分		
	计划和决策						10 分		
	实施和检查						40 分		
	工具使用	测试工具、检测设备等使用是否正确	完全正确		基本正确		不正确	10 分	
	操作过程记录	操作过程记录是否完整	完整		一般		没记录	10 分	
自我总结							10 分		
老师点评									
	签名:								

任务3　DC-AC 变换电路检测

学生姓名		班级		学号	
实训场地		学时		日期	
客户任务	熟悉新能源汽车 DC-AC 变换电路的基本知识，能够详细地介绍结构和功能特点，识别维修手册电路图，并能按正确的操作规程进行电路故障的诊断与排除、电机控制器的拆卸与安装，熟悉现场 7S 管理理念和注意生产安全				
工作准备	(1) 防护装备：常规实训着装。 (2) 车辆、台架、总成：实训车辆。 (3) 专用工具、设备：数字式万用表、绝缘测试仪、专用诊断仪、维修手册。 (4) 手工工具：无。 (5) 辅助材料：无。				
任务要求	(1) 辨识电机控制器的安装位置，了解其结构功能。 (2) 运用相关电气检测设备，进行电机控制器的相关电路检测				

请阅读教材中的"知识准备"，完成以下内容。
(1) 简述 DC-AC 变换电路的作用。

(2) 简述驱动电机的类型与工作原理。

(3) 简述 DC-AC 变换电路的工作原理。

(4) 简述 DC-AC 变换电路的一般检测方法。

新能源汽车电力电子技术

📓 计划和决策

请根据任务要求,确定所需要的场地和物品,并对小组成员进行合理分工,制订详细的工作计划。

一、制订人员分工方案

小组编号:_____　　小组组长:_____
小组成员:_____　　你的任务:_____

二、检查场地与物品

1. 场地
检查工作场地是否清洁及是否存在安全隐患。
记录:_____
2. 设备
检查实训设备是否完好,功能是否正常。
记录:_____
3. 防护
检查个人防护和设备、场地防护。
记录:_____
4. 安全要求及注意事项
实训过程中规范操作和注意用电安全,实训期间禁止嬉戏打闹。

三、制订工作方案

根据任务,小组进行讨论,确定工作方案(流程/工序),并记录。
_____
_____

📓 实施和检查

根据制订的计划实施,完成以下任务并记录。
(1)电机控制器数据流的读取。
_____
_____

(2)维修手册相关电路图的查询。

_____

_____

(3)P1B02 旋变传感器故障的检查。

_____

_____

(4)P1B03 欠电压保护故障的检查

_____

_____

作业项目	作业内容(电子图片粘贴)		完成情况评价
读取数据流			
查询维修手册	故障代码含义		
	电机控制器电路图		
P1B02 旋变故障	励磁线圈电阻		
	正弦信号线圈电阻		
	余弦信号线圈电阻		
P1B03 欠电压保护故障	动力蓄电池电量		
	高压母线电压		

评估

根据任务完成情况,学生进行自我评分,教师或指定组长过程巡视/验收检查时,若发现问题直接扣分。

基本信息	姓名		学号		班级		组别	
	规定时间		完成时间		考核日期		总评成绩	
	情境模拟	DC-AC 变换电路的检测						
	考核方式	分组进行,单人操作,小组成员与教师参与考评						
	考核项目	评分标准	教师和同学评判			分数	得分
态度	团队合作	是否和谐	能和谐共事		不能	1分	
	拓展发言	是否精彩	精彩		不精彩	1分	
	沟通讨论	是否积极	积极		不积极	1分	
	设备安全	有无损坏	无损坏		有损坏	1分	
	人身安全	有无损伤	有		无	2分	
	生产纪律	是否守纪	能遵守		不能遵守	2分	
	现场7S	是否做到	能做到		不能做到	2分	

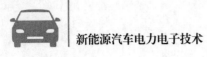

续上表

评估项目		自我评估	小组评估	教师评估	分数	得分
实际操作	资讯				10 分	
	计划和决策				10 分	
	实施和检查				40 分	
	工具使用	测试工具、检测设备等使用是否正确	完全正确	基本正确	不正确	10 分	
	操作过程记录	操作过程记录是否完整	完整	一般	没记录	10 分	
自我总结					10 分	
老师点评		签名：				

项目五　新能源汽车执行器

任务1　高压上电过程控制

学生姓名		班级		学号	
实训场地		学时		日期	
客户任务	熟悉新能源汽车高压电上电电路，能够详细地介绍高压电上电实训板与数字式万用表的结构功能，并能按正确的操作规程进行高压上电路的连接和参数的测量，熟悉现场7S管理理念和注意生产安全				
工作准备	(1)防护装备：防静电工作服、绝缘手套、绝缘劳保鞋。 (2)车辆、台架、总成：根据实训室条件准备。 (3)专用工具、设备：新能源汽车高压电上电实训台、可调电压锂离子电池模块、数字式万用表。 (4)手工工具：无。 (5)辅助材料：连接导线				
任务要求	(1)运用高压电上电实训板，完成高压上电预充阶段、高压上电预充阶段结束后、维修开关断开、高压互锁断开电路的搭建。 (2)运用数字式万用表，进行高压上电过程的电压、电流、电阻的测量				

请阅读教材中的"知识准备"，完成以下内容。
(1)请写出高压上电系统电路的组成及各组成部分的作用。

(2)简述高压上电预充电的原因。

(3)简述维修开关的作用。

(4)简述高压互锁的原理。
_____
_____
_____

计划和决策

请根据任务要求,确定所需要的场地和物品,并对小组成员进行合理分工,制订详细的工作计划。

一、制订人员分工方案

小组编号:_____　　小组组长:_____
小组成员:_____　　你的任务:_____

二、检查场地与物品

1. 场地
检查工作场地是否清洁及是否存在安全隐患。
记录:_____
2. 设备
检查实训设备是否完好,功能是否正常。
记录:_____
3. 防护
检查个人防护和设备、场地防护。
记录:_____
4. 安全要求及注意事项
实训过程中规范操作和注意用电安全,实训期间禁止嬉戏打闹。

三、制订工作方案

根据任务,小组进行讨论,确定工作方案(流程/工序),并记录。
_____
_____

 实施和检查

根据制订的计划实施,完成以下任务并记录。

(1) 根据给定的高压电上电实训板,绘制高压上电电路。
_____
_____

(2) 在高压电上电实训板上完成高压上电预充阶段、高压上电预充阶段结束后、维修开关断开、高压互锁断开电路的搭建。

作业项目	作业内容(电子图片粘贴)		完成情况评价
高压上电预充阶段电路		负载电压	
		负载电流	
		负载电阻	
高压上电预充阶段结束后电路		负载电压	
		负载电流	
		负载电阻	
维修开关断开电路		负载电压	
		负载电流	
		负载电阻	
高压互锁断开电路		负载电压	
		负载电流	
		负载电阻	

评估

根据任务完成情况,学生进行自我评分,教师或指定组长过程巡视/验收检查时,若发现问题直接扣分。

基本信息	姓名		学号		班级		组别	
	规定时间		完成时间		考核日期		总评成绩	
	情境模拟	电路的连接与测量						
	考核方式	分组进行,单人操作,小组成员与教师参与考评						
考核项目		评分标准	教师和同学评判				分数	得分
态度	团队合作	是否和谐	能和谐共事		不能		1分	
	拓展发言	是否精彩	精彩		不精彩		1分	
	沟通讨论	是否积极	积极		不积极		1分	
	设备安全	有无损坏	无损坏		有损坏		1分	
	人身安全	有无损伤	有		无		2分	
	生产纪律	是否守纪	能遵守		不能遵守		2分	
	现场7S	是否做到	能做到		不能做到		2分	

续上表

<table>
<tr><th colspan="2">评估项目</th><th>自我评估</th><th colspan="2">小组评估</th><th>教师评估</th><th>分数</th><th>得分</th></tr>
<tr><td rowspan="5">实际操作</td><td>资讯</td><td></td><td colspan="2"></td><td></td><td>10 分</td><td></td></tr>
<tr><td>计划和决策</td><td></td><td colspan="2"></td><td></td><td>10 分</td><td></td></tr>
<tr><td>实施和检查</td><td></td><td colspan="2"></td><td></td><td>40 分</td><td></td></tr>
<tr><td>工具使用</td><td>测试工具、检测设备等使用是否正确</td><td>完全正确</td><td>基本正确</td><td>不正确</td><td>10 分</td><td></td></tr>
<tr><td>操作过程记录</td><td>操作过程记录是否完整</td><td>完整</td><td>一般</td><td>没记录</td><td>10 分</td><td></td></tr>
<tr><td colspan="2">自我总结</td><td colspan="4"></td><td>10 分</td><td></td></tr>
<tr><td colspan="2">老师点评</td><td colspan="6">签名：</td></tr>
</table>

任务2　直流电机控制电路原理与应用

学生姓名		班级		学号	
实训场地		学时		日期	
客户任务	熟悉新能源汽车直流电机电路,能够详细地介绍新能源汽车直流电机控制实训台、三通道示波器、数字式万用表的结构功能,并能按正确的操作规程进行直流电机控制电路的连接和参数的测量,熟悉现场7S管理理念和注意生产安全				
工作准备	(1)防护装备:工作服、绝缘手套、绝缘劳保鞋、绝缘安全钩。 (2)车辆、台架、总成:根据实训室条件准备。 (3)专用工具、设备:新能源汽车直流电机控制实训台、可调电压锂离子电池模块、三通道示波器、数字式万用表。 (4)手工工具:无。 (5)辅助材料:连接导线				
任务要求	(1)运用新能源汽车直流电机控制实训台,完成电机正转、反转控制电路的搭建。 (2)运用三通道示波器、数字式万用表,分别进行电机正转、反转状态下,电机两端电压特点、控制信号特点的探究				

请阅读教材中的"知识准备",完成以下内容。
(1)请写出直流电机的组成及各组成部分的作用。

(2)简述直流电机正转的控制原理。

(3)简述直流电机反转的控制原理。

📔 计划和决策

请根据任务要求,确定所需要的场地和物品,并对小组成员进行合理分工,制订详细的工作计划。

一、制订人员分工方案

小组编号:_____　　小组组长:_____
小组成员:_____　　你的任务:_____

二、检查场地与物品

1. 场地
检查工作场地是否清洁及存在安全隐患。
记录:_____
2. 设备
检查实训设备是否完好,功能是否正常。
记录:_____
3. 防护
检查个人防护和设备、场地防护。
记录:_____
4. 安全要求及注意事项
实训过程中规范操作和注意用电安全,实训期间禁止嬉戏打闹。

三、制订工作方案

根据任务,小组进行讨论,确定工作方案(流程/工序),并记录。
_____
_____
_____

📔 实施和检查

根据制订的计划实施,完成以下任务并记录。
(1)根据给定的新能源汽车直流电机控制实训台,绘制直流电机控制电路。
_____
_____
_____

(2)在新能源汽车直流电机控制实训台上完成电机正转、反转控制电路的搭建。

作业项目	作业内容（电子图片粘贴）		完成情况评价
直流电机正转控制电路		负载电压	
		负载电流	
		负载电阻	
直流电机反转控制电路		负载电压	
		负载电流	
		负载电阻	

评估

根据任务完成情况，学生进行自我评分，教师或指定组长过程巡视/验收检查时，若发现问题直接扣分。

基本信息	姓名		学号		班级		组别	
	规定时间		完成时间		考核日期		总评成绩	
	情境模拟		电路的连接与测量					
	考核方式		分组进行，单人操作，小组成员与教师参与考评					
	考核项目	评分标准	教师和同学评判			分数	得分
态度	团队合作	是否和谐	能和谐共事		不能	1分	
	拓展发言	是否精彩	精彩		不精彩	1分	
	沟通讨论	是否积极	积极		不积极	1分	
	设备安全	有无损坏	无损坏		有损坏	1分	
	人身安全	有无损伤	有		无	2分	
	生产纪律	是否守纪	能遵守		不能遵守	2分	
	现场7S	是否做到	能做到		不能做到	2分	
	评估项目	自我评估	小组评估		教师评估	分数	得分
实际操作	资讯					10分	
	计划和决策					10分	
	实施和检查					40分	
	工具使用	测试工具、检测设备等使用是否正确	完全正确	基本正确	不正确	10分	
	操作过程记录	操作过程记录是否完整	完整	一般	没记录	10分	
自我总结						10分	
老师点评	签名：						

任务3 三相电机控制原理

学生姓名		班级		学号	
实训场地		学时		日期	
客户任务	熟悉新能源汽车三相电机电路,能够详细地介绍新能源汽车三相电机驱动实训台、三通道示波器、数字式万用表的结构功能,并能按正确的操作规程进行三相电机驱动电路的连接和参数的测量,熟悉现场7S管理理念和注意生产安全				
工作准备	(1)防护装备:工作服、绝缘手套、绝缘劳保鞋、绝缘安全钩。 (2)车辆、台架、总成:根据实训室条件准备。 (3)专用工具、设备:新能源汽车三相电机驱动实训台、可调电压锂离子电池模块、三通道示波器、数字式万用表。 (4)手工工具:无。 (5)辅助材料:连接导线				
任务要求	(1)运用新能源汽车三相电机驱动实训台,完成三相电机驱动电路的搭建。 (2)运用三通道示波器、数字式万用表,分别进行三相电机驱动电源特征、三相电源与电机转速关系、电机转速与转速脉冲信号关系的探究				

请阅读教材中的"知识准备",完成以下内容。
(1)请写出三相永磁同步电机的组成及各组成部分的作用。

_____
_____
_____

(2)简述永磁同步电机的控制形式。

_____
_____
_____

(3)简述三相永磁同步电机的工作原理。

_____
_____
_____

> 计划和决策

请根据任务要求,确定所需要的场地和物品,并对小组成员进行合理分工,制订详细的工作计划。

一、制订人员分工方案

小组编号:_____　　小组组长:_____
小组成员:_____　　你的任务:_____

二、检查场地与物品

1. 场地
检查工作场地是否清洁及存在安全隐患。
记录:_____
2. 设备
检查实训设备是否完好,功能是否正常。
记录:_____
3. 防护
检查个人防护和设备、场地防护。
记录:_____
4. 安全要求及注意事项
实训过程中规范操作和注意用电安全,实训期间禁止嬉戏打闹。

三、制订工作方案

根据任务,小组进行讨论,确定工作方案(流程/工序),并记录。

_____
_____

> 实施和检查

根据制订的计划实施,完成以下任务并记录。
(1)根据给定的新能源汽车三相电机驱动实训台,绘制三相电机驱动电路。

_____
_____

(2)在新能源汽车三相电机驱动实训台上完成三相电机驱动电路的搭建。

作业项目	作业内容（电子图片粘贴）	完成情况评价
三相电机驱动电源特征		
三相电源与电机转速关系		
电机转速与转速脉冲信号关系		

根据任务完成情况，学生进行自我评分，教师或指定组长过程巡视/验收检查时，若发现问题直接扣分。

基本信息	姓名		学号		班级		组别	
	规定时间		完成时间		考核日期		总评成绩	
	情境模拟	电路的连接与测量						
	考核方式	分组进行，单人操作，小组成员与教师参与考评						
	考核项目	评分标准	教师和同学评判			分数	得分	
态度	团队合作	是否和谐	能和谐共事	不能		1分		
	拓展发言	是否精彩	精彩	不精彩		1分		
	沟通讨论	是否积极	积极	不积极		1分		
	设备安全	有无损坏	无损坏	有损坏		1分		
	人身安全	有无损伤	有	无		2分		
	生产纪律	是否守纪	能遵守	不能遵守		2分		
	现场7S	是否做到	能做到	不能做到		2分		
	评估项目	自我评估	小组评估	教师评估		分数	得分	
实际操作	资讯					10分		
	计划和决策					10分		
	实施和检查					40分		
	工具使用	测试工具、检测设备等使用是否正确	完全正确	基本正确	不正确	10分		
	操作过程记录	操作过程记录是否完整	完整	一般	没记录	10分		
自我总结						10分		
老师点评		签名：						

参 考 文 献

[1] 宫英伟,张北北. 混合动力电动汽车结构原理与检修[M]. 北京:机械工业出版社,2018.

[2] 冯渊. 汽车电工与电子技术基础[M]. 北京:机械工业出版社,2018.

[3] 赵振宁,侯丽春,等. 汽车电工电子与电力电子基础[M]. 北京:机械工业出版社,2019.

[4] 冯津、钟永刚. 新能源汽车电力电子技术[M]. 北京:机械工业出版社,2020.

[5] 赵莉华. 电子电力技术[M]. 2版. 北京:机械工业出版社,2021.

[6] 吴书龙,黄维娜. 新能源汽车电力电子技术[M]. 北京:机械工业出版社,2023.

[7] 赵艳. 新能源汽车电力电子技术[M]. 北京:机械工业出版社,2023.

[8] 董大伟. 新能源汽车电气系统检修[M]. 北京:机械工业出版社,2023.

[9] 王景智,梁东确,江军. 新能源汽车驱动电机及控制系统检修[M]. 北京:机械工业出版社,2023.

[10] 韩炯刚,石光成. 新能源汽车高压安全与防护[M]. 北京:机械工业出版社,2023.